T0129754

essentials

essentials liefern aktuelles Wissen in konzentrierter Form. Die Essenz dessen, worauf es als „State-of-the-Art" in der gegenwärtigen Fachdiskussion oder in der Praxis ankommt. *essentials* informieren schnell, unkompliziert und verständlich

- als Einführung in ein aktuelles Thema aus Ihrem Fachgebiet
- als Einstieg in ein für Sie noch unbekanntes Themenfeld
- als Einblick, um zum Thema mitreden zu können

Die Bücher in elektronischer und gedruckter Form bringen das Expertenwissen von Springer-Fachautoren kompakt zur Darstellung. Sie sind besonders für die Nutzung als eBook auf Tablet-PCs, eBook-Readern und Smartphones geeignet. *essentials:* Wissensbausteine aus den Wirtschafts-, Sozial- und Geisteswissenschaften, aus Technik und Naturwissenschaften sowie aus Medizin, Psychologie und Gesundheitsberufen. Von renommierten Autoren aller Springer-Verlagsmarken.

Weitere Bände in der Reihe http://www.springer.com/series/13088

Susanne Femers-Koch

Compliance-Kommunikation aus wirtschafts-psychologischer Sicht

Keine Regel ohne Ausnahme

Susanne Femers-Koch
Berlin, Deutschland

ISSN 2197-6708   ISSN 2197-6716   (electronic)
essentials
ISBN 978-3-658-19809-1   ISBN 978-3-658-19810-7   (eBook)
https://doi.org/10.1007/978-3-658-19810-7

Die Deutsche Nationalbibliothek verzeichnet diese Publikation in der Deutschen Nationalbiblio-
grafie; detaillierte bibliografische Daten sind im Internet über http://dnb.d-nb.de abrufbar.

Gedruckt auf säurefreiem und chlorfrei gebleichtem Papier

Springer ist Teil von Springer Nature
Die eingetragene Gesellschaft ist Springer Fachmedien Wiesbaden GmbH
Die Anschrift der Gesellschaft ist: Abraham-Lincoln-Str. 46, 65189 Wiesbaden, Germany

Was Sie in diesem *essential* finden können

- Eine Darstellung von psychologischen Grundlagen zum Verständnis von Compliance und Non-Compliance
- Einen Überblick über die Herausforderungen, vor die Compliance-Kommunikation Unternehmen heute stellt
- Einen State of the Art der Compliance-Kommunikation in deutschen Unternehmen

Inhaltsverzeichnis

Compliance als Issue für die Unternehmenskommunikation

1

Der Begriff „Compliance" bedeutet in deutscher Sprache *Regeltreue oder Regelkonformität*. In den letzten Jahren hat sich in der deutschen Wirtschaft dafür der englischsprachige Begriff durchgesetzt. Compliance ist – auf eine kurze Formel gebracht – „die organisierte Rechtschaffenheit eines Unternehmens im geschäftlichen Verkehr" (Ermann 2014, S. 22), sie gilt als die „kleine Schwester" der Corporate Governance, und dient dem Ziel der „guten Unternehmensführung" (Rademacher und Möhrle 2014, S. 1256). Im engeren Sinne ist Compliance „ein durch das Recht gefordertes und ggf. per Sanktionsandrohung erzwungenes integres Verhalten, das als Voraussetzung erfolgreicher Unternehmensführung gilt" (Wieland 2010, S. 5 zitiert nach Rademacher und Möhrle 2014, S. 1254). Im weiteren Sinne assoziiert der Begriff nicht nur die Einhaltung von verpflichtenden gesetzlichen Regeln und Richtlinien, sondern auch von Normen und Kodizes freiwilliger Art.

Betrachtet man die Regelwerke in Organisationen, so kann man feststellen, dass es sehr viele davon gibt und die Tendenz ist eher steigend. Gesetzliche Vorschriften wandeln sich zudem und Unternehmen setzen sich darüber hinaus zum Ziel, gesellschaftlichen Wandlungsprozessen durch Selbstverpflichtungen „guter" Geschäftspraktiken gerecht zu werden, noch bevor sie dazu durch den Gesetzgeber gezwungen sind. Viele Regeln im Bereich Ökologie und Soziales (z. B. Diversity, Diskriminierung von Mitarbeitern) belegen diese unternehmerische Praxis. Selbst grundsätzlich hoch motivierten Mitarbeitern in Organisationen dürfte es vielfach schwerfallen, alle Regeln einer Organisation zu kennen und in ihr tägliches Handeln einzubeziehen. Außerdem ist kein Unternehmen und keine Organisation per se davor geschützt, dass Unternehmensangehörige sich intentional unethisch und oder illegal verhalten.

S. Femers-Koch, *Compliance-Kommunikation aus wirtschaftspsychologischer Sicht*, essentials, https://doi.org/10.1007/978-3-658-19810-7_1

Das Missachten von Umwelt- und Sozialstandards, Korruption, Kapitalmarkt-vergehen, Kartellrechtsverletzungen oder etwa Steuerhinterziehungen stehen zunehmend im öffentlichen Fokus[1]. Während Großunternehmen mit massiven Normverstößen dafür im Fokus der medialen Aufmerksamkeit und oftmals auch am öffentlichen Pranger stehen, finden „kleine" Regelverstöße jenseits von Kon-trollmechanismen und unter Ausschluss der Öffentlichkeit in großen und auch kleinen Organisationen wohl tagtäglich statt. Die Schadensdimensionen sind ver-mutlich insgesamt groß und nur schwer im Dunkel des Normbruchs genau auszu-machen.

Aber der Schutz vor materiellen und immateriellen Schäden solcher Norm-brüche ist existenziell wichtig für Unternehmen und die Einhaltung von Normen aller Art kann heute als *wesentlicher Wettbew*erbsfaktor betrachtet werden. Eine Reihe von Skandalen in den letzten Jahren haben dafür Signalcharakter und sind als Katalysatoren für die Auseinandersetzung über Compliance als aktuellem und relevantem Issue für die Unternehmensführung zu verstehen. Beispiele für solche skandalträchtigen, öffentlich diskutierten Normverstöße von Organisationen in den letzten 10 Jahren sind etwa die Siemens Affäre 2006 (Schmiergeldvorwürfe und Kartellstrafen, Süddeutsche Zeitung, 11.05.2010, o. S.), der „Lustreisenskandal" der Ergo-Versicherung 2007–2011 (Iwersen 2012, o. S.), die Wulff-Affäre 2007–2009 und der Korruptionsprozess gegen Wulfs ehemaligen Sprecher Glaeseker (Süddeutsche Zeitung, 10.03.2014), die FIFA-Affäre als kumulativer Ernstfall von Korruption und Vertrauensverlust seit 2015 (Kirchick 2015, o. S.) sowie das soge-nannte „Dieselgate" (n-tv 2016, o. S.), mit dem sich der VW-Konzern wie auch andere Automobilkonzerne wegen Abgasmanipulationen seit 2015 in Misskredit gebracht haben.

Neben wirtschaftskriminellem Verhalten wie z. B. Bestechung und Korruption in den angesprochenen Skandalen, gibt es viele weitere Bereiche mit Regelungs-bedarf in Organisationen wie beispielsweise Gesundheit, Soziales, Nachhaltigkeit und – übergeordnet – Wirtschaftsethik. Mit *Compliance-Management-Systemen* versuchen Unternehmen Grundsätze und Maßnahmen zu implementieren, die helfen sollen, relevante Regeln einzuhalten und Normverstöße zu unterbinden. Zumeist orientieren diese sich an klassischen Prinzipal-Agenten-Modellen und folgen dem Regelkreis der Formalisierung unternehmenskultureller Prozesse: Es werden eigene Regeln spezifiziert und definiert, es werden Anreize zur Regel-konformität gesetzt, und es werden Kontrollen zur Regeleinhaltung installiert. Dieses Vorgehen sichert allerdings nach Auffassung von Experten keinesfalls

---

[1]Als ein Beispiel für viele steht die mediale Aufbereitung des Themas bei Böcking 2011.

immer den Erfolg von Compliance-Management-Systemen. Die Orientierung an Prinzipal-Agenten-Modellen wird vielmehr durchaus infrage gestellt bzw. „(…) mittlerweile als Problem betrachtet. Prinzipal Agent, eine auf Kontrolle statt auf Vertrauen setzende Managementtheorie, könnte Teil des Problems sein statt Teil der Lösung" so Rademacher und Möhrle (2014, S. 1255).

Nicht nur die Modellvorstellungen hinter Compliance-Management-Systemen werden kritisiert, auch die Regelvielfalt, manche sprechen sogar von Regelflut und resultierender Orientierungslosigkeit (Weber und Xylander 2015, S. 6) unserer Gesellschaft und die pädagogischen Bemühungen zur Regelkonformität sind durchaus – unternehmensintern wie -extern – Anlass für Kritik. Zumindest begegnen Viele Regeln mit Ambivalenz – das zeigt nicht zuletzt auch die öffentliche Debatte über das „Nudging", das „Anstupsen" normkonformen Verhaltens (Thaler und Sunstein 2014; Jahberg und Neuhaus 2015) in der jüngeren Vergangenheit. Auch die Messbarkeit von Compliance (vgl. Theusinger und Heuser 2015) kann als eine Barriere für die Compliance-Akzeptanz betrachtet werden.

Eine Antwort auf die genannten Probleme des Compliance-Managements ist das Engagement, das Berufsfeld der Compliance-Manager oder Officer zu professionalisieren. Das Feld wird bis heute dominiert von Betriebswirtschaftlern und Juristen. Erst in Ansätzen werden kommunikationswirtschaftliche bzw. -wissenschaftliche Perspektiven für diesen Managementbereich entwickelt. Aus der Perspektive der Verhaltenswissenschaft und verschiedenen Teilbereichen der Psychologie (Wirtschafts- und Sozialpsychologie oder Moralpsychologie) betrachtet, ist Compliance in Organisationen ein noch kaum bearbeitetes Feld. Unbestreitbar aber ist, dass Compliance-Management eine interdisziplinäre Herausforderung darstellt und im Organisationsalltag an einer *interdisziplinären Schnittstelle* stattfindet. Für das Ziel der Sicherstellung von Compliance in einem Unternehmen können neben dem Compliance-Management die Unternehmensbereiche Human Relations und Unternehmenskommunikation als originär geeignet und gefordert verstanden werden.

Längst haben auf dem Markt der Beratung neben der Rechtsberatung auch Unternehmens- und Kommunikationsberatungen Compliance als Geschäftsfeld entdeckt. Die korrespondierenden Dienstleistungsangebote reichen von der Entwicklung und Implementierung von Compliance-Management-Systemen über Mitarbeiterschulungen bis hin zu Offerten, die Non-Compliance als Fall für die Krisenkommunikatoren verstehen oder als Herausforderung für das Reputationsmanagement begreifen. Auf der Grundlage dieser Dienstleistungsofferten können Herausforderungen und *Erfolgsfaktoren für Compliance-Kommunikation* in Unternehmen beschrieben werden. Dies wird im Folgenden aus der Perspektive der Kommunikationswirtschaft vorgenommen.

Um zu begreifen, was Compliance-Kommunikation im Unternehmen erfolgreich machen kann, wird ergänzend nach *Potenzialen für Compliance-Kommunikation aus wirtschaftspsychologischer Sicht* gesucht. Der Grund dafür liegt in der Tatsache, dass Menschen grundsätzlich Regeln ihres Miteinanders (im weitesten Sinne) kennen, verstehen, akzeptieren – und doch nicht danach handeln. Die Paraphrase „Keine Regel ohne Ausnahme" steht ganz allgemein für die Tatsache, dass Regelkonformität psychologisch betrachtet nicht einfach durchzusetzen ist, und Compliance-Manager und Kommunikatoren psychologisches Grundwissen über Normkonformität in ihrer Zielerreichung unterstützen könnte. Daher sollen im weiteren Verlauf dieser Abhandlung ausgewählte psychologische Modellvorstellungen zu Compliance und Non-Compliance vorgestellt werden, die Relevanz für die Compliance-Kommunikation im Unternehmen haben können. Wo möglich und sinnvoll, sollen darüber hinaus auf dieser Basis Empfehlungen für die Compliance-Kommunikation aus psychologischer Sicht herausgearbeitet und/oder Beispiele psychologisch versierter Kommunikationsmaßnahmen in Unternehmen gegeben werden.

Herausforderungen von Compliance-Kommunikation

Bereits die theoretische Betrachtung der Frage, wie Compliance-Kommunikation in die Kommunikation der Unternehmung einzuordnen ist, zeigt, dass sie einer ganzen Reihe unterschiedlicher Ansprüche gerecht werden muss. Compliance-Kommunikation ist ihrem Wesen nach Bestandteil der klassischen *internen Kommunikation,* deren Ziel es u. a. ist, Mitarbeitern alle für eine optimale Aufgabenbewältigung relevanten Informationen zur Verfügung zu stellen und die Umsetzung der Geschäftsziele auf allen Ebenen zu verbessern (Mast 2016, S. 269). Normen, ihre Einführung und ihre Wandlung und die damit einher gehenden Veränderungsprozesse machen Compliance-Kommunikation auch zu einem Teil der *Change Communication* einer Organisation, deren wesentliches Anliegen darin liegt, Unsicherheiten, Ängste und Widerstände gegen Veränderung bei Mitarbeitern zu bearbeiten (Mast 2016, S. 477).

Zieht man externe Anspruchsgruppen in die Betrachtung mit ein, steht Compliance-Kommunikation auch dem *Reputationsmanagement* nahe, das externe Erwartungen unterschiedlicher Stakeholder und die diesbezüglichen Unternehmensleistungen in der Kommunikation z. B. über Werte fokussiert (Mast 2016, S. 48). Compliance-Kommunikation berührt darüber hinaus auch die *kommunikative Praxis in Unternehmenskrisen* (vgl. Mast 2016, S. 403 ff.), da Unternehmen durch Regelverstöße in Krisen geraten können wie die eingangs geschilderten skandalträchtigen Regelbrüche von Unternehmen gezeigt haben. Auch kann Compliance-Kommunikation als Teil der Kommunikation der *Corporate Social Responsibility* (vgl. Mast 2016, S. 479 ff.) verstanden werden, die aufzeigt, wie die Legitimation einer Organisation durch die Wahrnehmung gesellschaftlicher Verantwortung hergestellt werden kann. Und schließlich muss Compliance-Kommunikation auch als *ethisch orientierte Unternehmenskommunikation* gedacht werden, da es um die „Reintegration der Ethik in das Unternehmensverständnis" geht, die man als „instrumentalistische,

© Springer Fachmedien Wiesbaden GmbH 2018
S. Femers-Koch, *Compliance-Kommunikation aus wirtschaftspsychologischer Sicht,* essentials, https://doi.org/10.1007/978-3-658-19810-7_2

karikative, korrektive, (…) integrative" oder holistische Unternehmensethik fassen kann, die im Sinne von Schwarz (2016, S. 481) auch die ethische Reflexion und das ethische Handeln jedes einzelnen Organisationsmitgliedes in den Blick nimmt. Insofern ist Compliance-Kommunikation auch *Wirtschaftskommunikation* – und zwar in verschiedenen Dimensionen, die von Kastens und Busch (2016, S. 10 f.) im „neuen Denken" in der Wirtschaftskommunikation unterschieden werden:

- Sie ist erstens als *„strategische Kommunikation von Wirtschaftsorganisationen"* zu verstehen (gemeint ist die klassische Unternehmenskommunikation).
- Sie ist im Weiteren auch als *„Diskurskommunikation über die Wirtschaft"* zu beschreiben, die mit der ersten Form von Kommunikation in enger Wechselbeziehung besteht und zu verstehen ist „als das professionelle, fachliche, journalistische oder auch alltägliche Sprechen und Schreiben über die Wirtschaft, ihre Themen und Akteure".
- Und sie ist darüber hinaus als *„Diskurskommunikation zwischen Wirtschaftsorganisationen und Gesellschaft"* aufzufassen: „Die dritte Dimension von Wirtschaftskommunikation zielt damit auf einen Kerngedanken ökonomischen Handelns (…): Das wirtschaftliche Handeln darf nicht abgekoppelt vom gesellschaftlichen Handeln und deren Bedürfnissen betrachtet werden" (Kastens und Busch 2016, S. 12).

Auch wenn wie ausgeführt Compliance-Kommunikation in diesen verschiedenen Perspektiven gedacht, gestaltet und analysiert werden muss, wenn man ihrer Bedeutung vollends gerecht werden will, wird im Rahmen des vorliegenden Beitrags auf die psychologische Betrachtung von Compliance-Kommunikation im (eng gesetzten) Rahmen der klassischen strategischen Unternehmenskommunikation fokussiert.

Trotz dieser Anschlussfähigkeit an tradierte Konzepte der Unternehmens- und Wirtschaftskommunikation, betrachten Kommunikationsexperten die Kommunikation rund um die Regelkonformität als eine besondere und auch noch recht neue Problematik für Unternehmenskommunikatoren. Als *grundsätzliche Herausforderungen* können *aus kommunikationspraktischer Perspektive* für Compliance-Kommunikation folgende Aspekte festgehalten werden:

- In vielen Unternehmen lässt sich eine unklare personale, manchmal auch diffuse Verantwortlichkeit für Compliance-Kommunikation ausmachen (Compliance Officer bzw. Rechtsrepräsentanten der Organisation, Human Relations Manager, Unternehmenskommunikatoren der internen und externen Kommunikation, sonstige Führungskräfte der Organisation).

- Bei Compliance-Verantwortlichen, die häufig juristische Qualifikationen aufweisen, stellt man in der Regel hoch spezialisierte juristische Kenntnisse, auch solche der Betriebswirtschaft fest, selten aber spezifische Kenntnisse über Kommunikation.
- Kommunikationsaktivitäten zum Thema Compliance mangelt es nicht selten an konzeptionellen Grundlagen und die Integration in ein Gesamtkonzept der Unternehmenskommunikation lässt zu wünschen übrig.
- Audits zeigen häufig auf, dass es keine Integration von Compliance-Themen und Projekten in bestehende Kommunikationsplattformen und -kanäle gibt.
- Festzustellen ist auch ein Verzicht der Nutzung interaktionaler, digitalisierter Kommunikationsangebote (z. B. elearning) neben klassischen Instrumenten.
- Die Häufigkeit und Intensität der Informations- und Dialogangebote zu Compliance sind zu gering, der Kommunikationsdruck ist insgesamt schwach.
- Dem relativ untergeordneten Stellenwert von Kommunikation entsprechend werden selten Compliance-spezifische Informations- und Kommunikationskampagnen initiiert.
- Es mangelt an der Determination und Ausgestaltung sinnvoller Instrumente für Compliance-Kommunikation (Veranstaltungen, Schulungen, Trainings, Broschüren, Webseiten, Hinweisgebersysteme u. v. m.).
- Verständigungsprobleme durch die Komplexität der vielfältigen und heterogenen Sachthemen der Compliance-Kommunikation sind vorprogrammiert.
- Dazu kommen Sprachbarrieren und Verständlichkeitsprobleme durch alltagsferne juristische Fachsprache, in denen vielfach Regelwerke von Organisationen präsentiert werden.
- Dazu gesellt sich eine zum Teil auch durchaus nachvollziehbare mangelnde Akzeptanz von Unternehmensnormen, insbesondere auch juristischer Regelwerke.
- Regelsysteme weisen häufig unzureichende Begründungen auf und bei ihrer Abfassung und Implementierung ist der Grad der Mitarbeiterpartizipation gering.
- Der Abstraktionsgrad von Regelsystemen ist zumeist hoch und es fehlt der Bezug zu konkreten Handlungen im Organisationsalltag.
- Der kommunikative Umgang mit Compliance-Verstößen in Unternehmen ist fraglich (z. B. inkonsequentes Handeln, d. h. keine Thematisierung, Tabuisierung in der Kommunikation oder angstmachendes Anprangern von Einzelfällen).

Als allgemeine *Ziele von Compliance-Kommunikation* in der Praxis kann unternehmensintern vor allem die Förderung der Einsicht in die Notwendigkeit des Regelsystems gelten und unternehmensextern gilt es, die Kommunikationsfähigkeit in Fällen von Compliance-Verfehlungen und Verdachtsfällen zu erhöhen und einen Beitrag zum Risiko- und Reputationsmanagement zu leisten (Rademacher und Möhrle 2014, S. 1255 f.; Storck 2015, S. 239 ff.). Die Kommunikationspraxis zeigt, dass das *Prinzip Vorschrift, Kontrolle und Sanktion* allein nicht als Schutz vor Regelverstößen ausreicht, dass vielfach keine sichtbare Verknüpfung zwischen ethischen Grundlagen und abgeleitetem Regelkanon bei Mitarbeitern besteht und oft eine Lücke zwischen Wertekanon, kulturellem Selbstverständnis und Compliance-System zu beklagen ist. Vorstellungen eines mechanistischen Kommunikationsmodells verstellen außerdem den Blick auf die *Ursachen regelwidrigen Verhaltens* (Rademacher und Möhrle 2014, S. 1253 ff.). Der kommunikationswirtschaftliche Blick auf die Ursachen von Non-Compliance offenbart allerdings blinde Flecken, die disziplinspezifisch zu sein scheinen – so zumindest kann man resümieren, wenn man die bislang relativ überschaubaren Publikationen zu diesem Thema auswertet.

Nach Ansicht der Kommunikationsexperten von A & B One (2010, S. 13) sollte Compliance-Kommunikation konkret die folgenden Ziele verfolgen:

- Zunächst einmal gilt es, den möglicherweise wahrgenommenen Widerspruch zwischen Compliance und Geschäftserfolg zum Thema zu machen und davon zu überzeugen, dass es diesen Widerspruch gar nicht gibt.
- Im zweiten Schritt sollten Führungskräfte in ihrer Funktion als Vorbild und Vermittler für Compliance gestärkt werden und für dieses Engagement auch öffentlich wahrnehmbar Anerkennung finden.
- Und im dritten Schritt empfiehlt es sich nach Auffassung der Kommunikationsprofis, Compliance mit Relevanz für den Alltag zu vermitteln und den Nutzen für den Geschäftserfolg aufzuzeigen.

Nach Ansicht weiterer Experten aus der Praxis reicht außerdem reine Umsetzungskompetenz von Standardinstrumenten in der Unternehmenskommunikation im Fall von Compliance nicht aus, um die Erfolgspotenziale von Kommunikation für die Herausforderung Compliance heute und in Zukunft auszuschöpfen (vgl. hierzu auch Schautes und Kunath 2011; Steßl 2012 sowie Konrad 2015). Kommunikation muss hier *psychologische Betrachtungen von Regelkonformität* als Basis für Strategieentwicklungen implizieren (vgl. Schach 2015). Aber welche das sein könnten, bleibt in den einschlägigen Werken zur Compliance-Kommunikation wie gesagt in der Regel recht vage oder gänzlich offen. Auch Studien zeigen, dass Compliance-Manager und -Kommunikatoren diesbezüglich noch Entwicklungspotenziale in den meisten Unternehmen haben dürften (vgl. hierzu Kamm und Rademacher 2012 sowie Herzog und Stephan 2014).

Zu berücksichtigen ist außerdem der Stellenwert von Compliance als Thema in Unternehmen. Compliance-Managern wird *„spröde Kommunikation"* vorgeworfen oder wie Mirco Haase, Präsident des Berufsverbandes der Compliance-Manager (BCM) (zitiert nach Praum 2016, o. S.) es formuliert: „Compliance ist nun einmal kein sexy Thema." Im Übrigen kann auch davon ausgegangen werden, dass der Kommunikation über Compliance nicht nur mit Ambivalenz, sondern auch mit Ablehnung begegnet wird. Es gibt „dankbarere" Themen als Compliance für die Unternehmenskommunikation. In vielen Unternehmen wird Compliance nicht ganz selbstverständlich als begrüßenswerter Garant für Geschäftserfolg betrachtet. Schließlich sind Fälle von Non-Compliance unangenehm. Mit negativen Themen beschäftigt sich Unternehmenskommunikation nicht so gerne wie mit positiv besetzten Themen. Dass Non-Compliance sogar in die Krise eines Unternehmens münden kann, setzt bei Mitarbeitern und Führungskräften durchaus Widerstände gegen die gedankliche Auseinandersetzung mit Compliance frei.

Kontrastierend dazu wird Kommunikation für Compliance eine herausragende Rolle zugeschrieben. Dies gipfelt in Bedeutungszuschreibungen wie der Aussage „Compliance besteht zu 99 % aus Kommunikation." eines Compliance Officers der Sky Deutschland AG (zitiert nach Quintus 2014, o. S.) oder einem Statement wie „Compliance ist Kommunikation" von Müller, einer Beraterin für Compliance-Kommunikation der digital spirit GmbH Berlin (Müller 2015, o. S.). Aber auch der Blick in Compliance-Programme von Unternehmen, die sich an branchenüblichen Standards orientieren, zeigt, dass in solchen Compliance-Programmen oder Systemen ein Modul „Compliance-Kommunikation" für zwingend erforderlich erachtet wird, „da eine funktionierende Kommunikation und funktionsfähige Kommunikationsinstrumente eine zentrale Voraussetzung für ein leistungsfähiges und wirksames Compliance-Management-System (CMS) sind." (nach Quintus (2014, o. S.) des Center for Business Compliance & Integrity der Hochschule Konstanz).

Mehr als 90 % der Experten einer Befragung deutscher Kommunikationsmanager sind der Auffassung, dass Compliance-Kommunikation „entscheidend bei der Minimierung von Reputationsrisiken" (Dillmann 2016, o. S.) ist, doch allein schon am „organisational zielorientierten Schnittstellen-Management zur Unternehmenskommunikation" mangelt es laut der Unternehmensberaterin Kamm, einer der Initiatorinnen der Studie (zitiert nach Dillmann (2016, o. S.), vgl. auch Kamm et al. 2016). Kommunikation als „Kern einer jeden funktionierenden Compliance" (Grünberger 2014, S. 4) kommt ohne Zweifel eine ganz besondere Bedeutung für das Compliance-Management zu. Und dennoch schenkt man den

Erfahrungen, die man mit Kommunikation von Compliance in Unternehmen gemacht hat, vergleichsweise wenig Aufmerksamkeit: „Angesichts der Intensität der wissenschaftlichen Auseinandersetzung überrascht, wie stiefmütterlich die Ansichten des 'Praktikers' bislang vertreten sind – und wie wenig konkrete Erkenntnisse und Erfahrungen aus der Praxis Eingang in die Diskussion gefunden haben". so das Fazit von Grünberger (2014, S. 4) auf Basis eine Befragung von Compliance-Verantwortlichen im Mittelstand.

Und diese Erfahrungen sind, was die Effizienz der Umsetzung von Compliance-Systemen angeht, nicht immer positiv: „In manchen Unternehmen wirken die Aktivitäten zur Compliance, die oft stolz präsentiert werden und intern rigoros verkündet werden, wie ein 'Compliance-Kult' – viel Show, viel Geklapper, aber auf lange Sicht keine befriedigende Wirkung". so der Kommunikationsberater Griepentrog (2015, o. S.). Seiner Diagnose dieses Problems zu folge, muss professionelle Unternehmenskommunikation, interne wie externe, eine stärkere Fokussierung von Compliance zeigen, die sie bislang nicht – oder nicht in ausreichendem Maße – aufweist. Die Frage ist also nicht, ob man Kommunikation für den Erfolg von Compliance-Maßnahmen im Unternehmen braucht, sondern die entscheidende Frage lautet, wie man erfolgreiche Compliance-Kommunikation entwickelt. Daher soll im Folgenden betrachtet werden, welche Erfolgsfaktoren für Compliance-Kommunikation in der Praxis definiert werden.

Erfolgsfaktoren aus der Perspektive der Kommunikationswirtschaft

3.1 Das Ideal der kulturspezifischen, integrierten Konzeption für Compliance-Kommunikation

Unternehmenskultur bildet einen handlungsbestimmenden Werte-Rahmen für Organisationen. Schulz und Muth (2014, S. 271) erläutern den Zusammenhang von Unternehmens- und Compliance-Kultur wie folgt: Die Compliance-Kultur beschreibt die Bedeutung, welche die Unternehmensangehörigen der Beachtung von Normen und Regelungen beimessen. Sie bezeichnet ihre Bereitschaft zu regelkonformem Verhalten bzw. das Ausmaß der Toleranz gegenüber Regelverstößen. Die Compliance-Kultur steht in einem engen Zusammenhang mit den Werten, denen sich die Organisationsangehörigen verpflichtet fühlen und damit mit der jeweiligen Unternehmenskultur. Rademacher (zitiert nach Dillmann 2016, o. S.). betrachtet „eine *wertorientierte Integritätskultur*", an die das Compliance-Management angebunden ist, als wesentlich dafür, dass Compliance-Kommunikation nicht „lediglich Informationsverpflichtung ohne nennenswerte Wirkung bleibt".

Ob Compliance-Maßnahmen im Unternehmen auf Akzeptanz treffen und tatsächlich handlungsleitend sind, hängt nach Einschätzung von Experten in ganz entscheidendem Maße davon ab, ob sie kompatibel mit der Unternehmenskultur sind und diese auch gelebt wird: „Hierzu ist es notwendig, dass Mitarbeiter und Führungskräfte die durch die Unternehmenswerte geprägte Unternehmenskultur achten und vor allem die Fähigkeit entwickeln, in sensiblen und besonders konfliktbehafteten Situationen eine an den Unternehmenswerten ausgerichtete Entscheidung zu treffen und entsprechend zu handeln" (Quintus 2014, o. S.). Die Begründung für die Relevanz der Kultur ist im Grunde genommen sehr einfach,

© Springer Fachmedien Wiesbaden GmbH 2018
S. Femers-Koch, *Compliance-Kommunikation aus wirtschaftspsychologischer Sicht*, essentials, https://doi.org/10.1007/978-3-658-19810-7_3

denn: „Keine Richtlinie ist detailliert genug für die Komplexität der alltäglichen Arbeit. Kein zentraler Risikoatlas kann die Entscheidung des Einzelnen ersetzen" (Deekeling Arndt Advisors 2015, S. 2).

Auch aus der juristischen Perspektive wird die Relevanz der Unternehmenskultur für die Vermittlung von Compliance betont, so versteht beispielsweise Fissenewert (2015, S. 50 f.) Unternehmenskultur als „Funktion und Instrument informeller Sozialkontrolle" und resümiert „Ohne Unternehmenskultur funktioniert Compliance nicht". Auf Compliance als „in der Unternehmensidentität verankertes Wertphänomen" lässt sich gut Kommunikation aufbauen, denn „Sie kommt dann nicht als Drohgebärde, sondern als gewünschte Fairness im Sinne einer ethischen Selbstbindung einher" (Grünberger 2014, S. 5).

Der oft zitierte „Tone from the Top", also die Haltung und das Handeln von Führungskräften, wird ebenfalls als wesentlich erachtet. Vorgesetzte haben hier eine Doppelfunktion, denn sie sind Vorbild für die konsequente Umsetzung von Compliance-Regeln, haben aber auch eine Vermittlungs- und Kontrollfunktion Mitarbeitern gegenüber (Schach und Christoph 2015, S. 9). Führungskräfte, die Regeln unterlaufen und Normen infrage stellen, Regelbrüche von Mitarbeitern nicht konsequent verfolgen und/oder Normverzicht für eigenes Verhalten in Anspruch nehmen, sind in besonderem Maße erfolgskritisch für Compliance-Programme und Kommunikation. Damit geht auch eine „klare Zurechnung von Compliance und Integritätsmanagement in die Linienverantwortung" einher: „Führungskräfte sind für die Ethik im Geschäft verantwortlich, nicht die Compliance-Organisation oder der Chief Compliance-Officer" so Grüninger (2014, S. 4).

Neben der Unternehmenskultur und der Vorbildfunktion von Führungskräften wird als weiterer wesentlicher Erfolgsfaktor erachtet, dass Compliance-Kommunikation strategisch geplant wird und dass die Integration von Compliance (Kommunikation) gewährleistet ist. Denn erfolgskritisch ist nach Schach und Christoph (2015, S. 2 f.) ein strategischer und konzeptioneller Prozess für die Nachhaltigkeit von Compliance-Kommunikation: „Für eine erfolgreiche Implementierung eines neuen Compliance-Systems ist es (…) nicht damit getan, Broschüren oder Infomaterialien zu produzieren. Elemente der Internen Kommunikation, der Change Communication, des Wertmanagements und der Krisenkommunikation müssen in eine Gesamtkonzeption münden, die die strategische Richtschnur für die Einzelmaßnahmen bildet". Ein erstes Ziel, das eine solche strategisch angelegte Kampagne für Compliance sicherstellen soll, ist Aufmerksamkeit für das Thema, daneben geht es aber auch um die Sicherstellung von Glaubwürdigkeit der Organisation, die Zustimmung zu den Intentionen der Kampagne und das Anschlusshandeln.

Außerdem wird die *Praxisrelevanz* von Compliance-Systemen und ihrer Kommunikation aus der Perspektive von Kommunikationsexperten als erfolgskritisch eingeschätzt (Schach und Christoph 2015, S. 9):

> Denn nur wenn die Führungskräfte und Mitarbeiter erkennen, dass das Regelwerk sich positiv auf die Arbeit auswirkt, können die kommunikativen Ziele erreicht werden. Daher muss eine Kampagne immer die Sichtweisen der jeweiligen Zielgruppe im Blick haben und die Regeln in konkrete Situationen und Fallbeispiele übersetzen. Auch die Risiken und Folgen, die bestehen, wenn sich die Mitarbeiter nicht an die Compliance–Regeln halten, sollten Teil der Beispiele sein. Der Mehrwert des Compliance-Systems kann so in zielgruppenspezifischer Aufbereitung am besten gelingen.

Für den Erfolg einer strategisch angelegten Kampagne zu Compliance ist es auch erforderlich, dass die Kommunikation anschlussfähig an die sonstigen Kommunikationsmaßnahmen eines Unternehmens ist. A & B One (2010, S. 15–17) zeigt beispielsweise ganz praktisch, wie diese konzeptionelle Anbindung und Integration zu leisten ist. Theoretisch geht es diesbezüglich um die strategische, inhaltliche, methodische und zeitliche *Integration von Kommunikationsinstrumenten* im Sinne des Konzepts der integrierten Kommunikation (Bruhn 2014).

Den Gedanken der Integration fassen andere Experten sogar noch weiter, im Sinne einer „integrierten Verantwortungs-, Governance- und Compliance-Kommunikation als Voraussetzung einer kooperativen Integrität" (Kamm et al. 2016, S. 10):

> Wenn wir nun die kommunikative Integration empfehlen, so ist das übergeordnete Ziel i.S. von Zerfaß (2014, S. 27) nicht (allein, Anmerkung der Autorin) die Integration unterschiedlicher Instrumente der Kommunikation in zeitlicher, formaler oder methodischer Hinsicht, sondern die Integration des Unternehmens in die Gesellschaft (…). Denn es geht stets um die Einpassung der Organisation in die bestehende Regelkultur eines Landes, einer gegebenen Rechtsstruktur und Rechtskultur. Zugleich geht es um den Abgleich mit Umfelderwartungen in der Gesellschaft: von Kunden, Aktivisten und politischen Akteuren (Kamm et al. 2016, S. 10).

Eine solche Integration steht also weniger für die formale Passung, sondern die kulturelle. Diese dürfte im besten Fall in einer inhaltlichen Klammer liegen, die Inhalte der „Regelkultur" einer Gesellschaft mit Leitgedanken einer Compliance-Kampagne einer Organisation verknüpft. Und darin müssten sich dann auch gelebte Werte der Integritätskultur eines Unternehmens wiederspiegeln. Im Sinne des konzeptionellen Ansatzes, den Schach und Christoph (2015, S. 13) als erfolgskritisch für Compliance-Kommunikation ansehen, geht es hier um die *kreative Leitidee* einer Kampagne: Es ist „wichtig, dass eine argumentative Storyline entwickelt wird, ein kommunikativer 'roter Faden', der dramaturgisch die kreative Leitidee umsetzt (…). Es geht um die Entwicklung einer Dramaturgie, einer Compliance-Story, die regelkonformes Verhalten im Unternehmen als Grundlage für den wirtschaftlichen Erfolg übersetzt – in die Sprache der Zielgruppen".

In diesem Kontext wird auch die Frage relevant, ob zum Erfolg von Compliance-Kommunikation auch eine eigene Compliance-Marke beitragen kann. *Compliance Branding,* verstanden als „eine möglichst einfache Verdichtung der Bedeutung, die Compliance für das Unternehmen hat" (Jäckel 2015, o. S.), kann Compliance unterstützen, wenn die Compliance-Marke zur generellen Unternehmenskultur passt und auch die realen Verhältnisse in Sachen Compliance bei einem Unternehmen widerspiegelt. Außerdem sollte sie nicht zu allgemein sein, sodass die Differenzierungsfunktion einer Marke auch erfüllt werden kann.

3.2 Strategischer Korridor und Machbarkeit im Rollen-Handeln von Compliance Officern

Als erfolgreiche Beispiele aus der Praxis werden z. B. die Metro Group und die Audi AG angeführt, die Compliance-Brands haben: „Bei Metro ist es 'Simply Right' bei Audi 'Protect what you loveia'. Und sie berichten, dass sie damit sehr gute Erfahrungen gemacht haben. Daneben gibt es viele andere Unternehmen, deren Compliance einen Claim, also einen Slogan, hat. Bei der MAN SE ist es zum Beispiel 'Driven by Integrity', beim Stuttgarter Flughafen ist es 'Fairport', bei der Deutschen Post 'Compliance for better business' oder bei Qiagen 'Integrity is our DNA' (Jäckel 2015, o. S.). Die Begriffe Marke und Claim bzw. Slogan werden hier nahezu austauschbar benutzt, was im kommunikationstheoretischen Sinne nur eingeschränkt gelten kann. Daher ist derjenige, der seiner Compliance-Kampagne einen Markenanspruch verleihen will, gut beraten, die Markenbildung konzeptionell gut zu stützen. Denn an eine Marke werden höhere Ansprüche gestellt als an einen Claim oder Slogan.

Mit solchen Forderungen nach oder Empfehlungen für strategische/r und integrierte/r Kommunikationsarbeit oder gar markenkonzeptionelle/n Ansätze/n werden ausgesprochen hohe Anforderungen an das Kommunikations-Know-How von Compliance-Verantwortlichen gestellt. In der Regel dürften Compliance Officer oder Manager mit ihrer juristischen oder wirtschaftswissenschaftlichen Expertise allein kaum in der Lage sein, solche Erfolgsfaktoren für Compliance-Kommunikation zu realisieren. Es sei denn, sie holen sich dafür externe Unterstützung oder arbeiten intensiv mit Kommunikationsfachleuten in der eigenen Organisation zusammen.

Einem häufigen Vorurteil entsprechend gilt Compliance als „bürokratisches Monster" Konrad (2016, o. S.). Die Dominanz der juristischen Perspektive auf Compliance erklärt sich natürlich aus der Sache selbst heraus. Und ohne juristisches Fachwissen nach dem State of the Art wird ein *Compliance Officer* wohl seine *Rolle im Unternehmen* nicht angemessen ausüben können. Dennoch werden eher qualitative, sozial-kommunikative Fähigkeiten jenseits der juristischen Expertise angeführt, wenn vom Rollenverständnis und -handeln des Compliance Officers als Erfolgsfaktor für Compliance-Programme und Kommunikation die Rede ist.

Berufsangehörige selber sehen laut einer Berufsfeldstudie aus dem Jahr 2013 mit über 90 % Zustimmung die Kommunikation neben der Sachkompetenz und der Professionalität als wichtigste Fähigkeit, die man haben muss, um den Beruf des Compliance-Managers auszuüben (Herzog und Stephan 2013, S. 68). Führungskräfte sehen das ähnlich. Ihrer Auffassung nach gehören zu den herausragenden Fähigkeiten eines Compliance-Managers Kommunikation, Professionalität und die Konsistenz im Handeln – so das Ergebnis einer Führungskräftebefragung aus dem Jahr 2014 (Henning und Stephan 2014, S. 107). Die ihnen zugeschriebenen Rollenfacetten werden dominiert durch drei Rollenerwartungen: Compliance-Manager sollen vor allem Berater von Vorstand und Geschäftsführung sein und sie sollen Aufklärer und Übersetzer im Hinblick auf rechtliche und organisatorische Sachfragen und Maßnahmen sein (Herzog und Stephan 2014, S. 101).

Aus der Perspektive der Kommunikationswirtschaft werden ebenfalls entsprechende Rollenerwartungen an den Compliance Officer herangetragen: „Wahr ist, dass sich der Chief Compliance Officer als Partner der Mitarbeiter verstehen sollte. Inhaltlich sollte sich Compliance als Ratgeber des Mitarbeiters und nicht als Watchdog positionieren – 'Businessvereinfacher' statt 'Show-Stopper'" so der Kommunikationsexperte Konrad (2016, o. S.).

Compliance-Verantwortliche sind zudem auf gute Kontakte im Unternehmen angewiesen, die es ihnen ermöglichen, für die Ausübung ihrer Tätigkeit relevante Informationen zu bekommen. Kommunikationsfachleute wissen um die Relevanz solcher sozialen Netzwerkkontakte:

Um an diese Informationen zu kommen, sind vertrauensvolle und belastbare Beziehungen ins Unternehmen hinein vonnöten. Grundvoraussetzung ist eine im Unternehmen wahrgenommene Grundphilosophie: 'Besprechen statt bespitzeln'. Compliance sucht nicht nach Regelverstößen, sondern hilft, diese zu vermeiden. Es geht darum, Compliance als 'Trusted Advisor' aufzubauen. Neben der fachlich-juristischen Expertise ist hier im Wesentlichen Kommunikation gefragt: Wie baue ich das notwendige Netzwerk auf, um an Informationen zu kommen? Wie schaffe ich vertrauensvolle Beziehungen und positioniere mich als Ansprechpartner mit Verständnis für die Zwänge des Geschäfts? (Deekeling Arndt Advisors 2015, S. 5).

Das Gelingen von Compliance-Kommunikation hängt nach Auffassung der Compliance-Expertin Bock-Schwinum, die die Fachgruppe Compliance-Kommunikation des Berufsverbandes der Compliance-Manager (BCM) leitet, ganz entscheidend von der Leistung des Kommunikators ab, davon wie überzeugend, begeisternd und empathisch er ist und ob er ein guter Networker ist und wie er den Mitarbeitern im Unternehmen begegnet: „Als Compliance-Referentin muss ich also empathisch sein, gut zuhören und mich auf verschiedene Berufsgruppen einstellen können. Was ich auch für richtig halte, ist, dass man gegenüber den Mitarbeitern im Unternehmen die Unschuldsvermutung praktiziert. Denn die meisten Mitarbeiter eines jeden Unternehmens sind völlig selbstverständlich jeden Tag compliant" (Bock-Schwinum zitiert nach Jäckel 2016, S. 54). Kooperation darf nicht kontrastierend zu den vorgenannten Rollenbildern im Sinne von „'Whistleblowing' als legalisierter 'Denunziationskanal'" (Rademacher und Möhrle 2014, S. 1264) verstanden werden. Wo das so ist, wird ein Compliance-Programm nicht fruchten.

Um diese auch sozialkommunikativ anspruchsvolle Rolle des Compliance Officers auszufüllen, bedarf es natürlich entsprechender Sach- und Personalressourcen. Diesbezüglich sieht die Branche einen deutlichen Verbesserungsbedarf. In einer Berufsfeldstudie aus dem Jahr 2015 war diese Forderung den befragten Compliance-Spezialisten am wichtigsten. Ebenfalls als sehr wichtig erachten sie die Verbesserung des Services und der Kommunikation zu den Mitarbeitern eines Unternehmens (Herzog et al. 2015, S. 69).

Als ein letzter relevanter Erfolgsfaktor ist die *Emotionalität der kommunikativen Ansprache* zu nennen. In diesem Sinne Erfolg versprechend aus Expertensicht der Kommunikationswirtschaft ist eine Compliance-Kommunikation, die „immer wieder kreative Kommunikationsansätze" zeigt, „gewohnte Wege und etablierte Positionen hinter sich (…) (lässt) und Emotionen (…) (weckt)" (Konrad 2016, o. S.). Die Kommunikationsexperten von A & B One (2010, S. 2) beispielsweise konstatieren: „Ohne den Juristen zu nahe treten zu wollen: Seminaristische Frontalvermittlung wird nicht reichen, um ein Compliance-System zu implementieren. Man muss die Herzen der Leute erreichen".

3.3   Emotionalität und Compliance-Kommunikation

Kritisch anzumerken ist in diesem Zusammenhang allerdings, dass Emotionen hier als eine Art „Allheilmittel" in der Kommunikation verschrieben werden. Das emotionale Spektrum von Menschen hat viele unterschiedliche Qualitäten. Welche Emotionen geweckt werden sollen, um Compliance-Programme zu Erfolg zu verhelfen, bleibt allerdings in der Regel diffus. Daher sind auch Empfehlungen mit Verweis auf sogenannte „Emotionalisierungsstrategien" mit Vorsicht zu genießen. Negativ konnotierte Emotionen wie Angst, Ärger, Wut oder Scham sind aufgrund des resultierenden Widerstandspotenzials wohl eher ungeeignet bzw. nicht pauschal zu empfehlen. Emotionen wie Freude oder Glück dürften angesichts des Themas Compliance eher zu Irritationen, denn zu konsequent compliantem Verhalten beitragen.

Was also könnten die emotionalen Zustände sein, die Compliance-Kommunikation zum Erfolg führen? Dazu findet man so gut wie keine konkreten Aussagen in der Fachdiskussion. Bock-Schwinum (zitiert nach Jäckel 2016, S. 52) beispielsweise führt an, dass der Compliance-Manager „(…) die Mitarbeiter in die Lage versetzen (muss), dass sie in bestimmten heiklen Situationen des Geschäftsalltags ein inneres Störgefühl bekommen. Sie müssen sich also dann entweder daran erinnern, wie sie handeln müssen oder wissen, wo sie sich Hilfe holen". Dieses „innere Störgefühl" bringt sie quasi aus der inneren Balance des Business as usual. Es geht also konkret darum, aus der abstrakten Regel eine persönlich relevante zu machen und so emotionale Involviertheit zu schaffen.

Am leichtesten dürfte das über moralische Konflikte oder Dilemmata zu realisieren sein, mit denen man Mitarbeiter z. B. in Schulungen konfrontiert und einen Zustand der Disharmonie schafft, der die treibende Kraft für die Informationssuche darstellt, die Suche nach Entscheidungshilfe (z. B. beim Vorgesetzten oder Compliance-Beauftragten) motiviert oder sonstige Verhaltensweisen anregt, die das „Störgefühl" abzubauen in der Lage sind. Diesen Zustand kann man als kognitive Dissonanz klassifizieren, der weiter unten erläuternd aufgegriffen werden soll. Klar ist aber auch, dass ein „Zuviel" an Emotion und sozialem Druck auf eine soziale Trotzreaktion treffen dürfte, die sogenannte psychologische Reaktanz – auch diese wird weiter unten genauer thematisiert. Festzuhalten bleibt: Compliance-Kommunikation kann wohl von der Emotionalität ihrer Botschaften profitieren, sofern diese gut dosiert ist.

Potenziale aus wirtschaftspsychologischer Sicht

4

Vor dem Hintergrund von Compliance und Non-Compliance in Unternehmen und der Diskussion der verschiedenen Herausforderungen der Kommunikation zum Thema Compliance ergeben sich eine Reihe von allgemeinen Fragen zum Erleben und Verhalten von Menschen im Kontext von Regeltreue. Diesen soll im Folgenden im Rückgriff auf ausgewählte psychologische Konzepte nachgegangen werden. Dabei können psychologische Modelle nur in Grundzügen skizziert werden, um compliantes und non-compliantes Verhalten nachvollziehbar zu machen und Einsichten für die Compliance-Kommunikation zu gewinnen. Da, wo es sinnvoll und möglich ist, sollen auch korrespondierende Beispiele aus der Praxis der Compliance-Kommunikation in Unternehmen zur Illustration herangezogen werden. Die Leitfragen der psychologischen Betrachtung von Compliance lauten wie folgt:

- Wie verarbeiten Menschen Informationen? Welche Art von Information kann beim Aufbau von Regeltreue besonders geeignet sein?
- Wie kann man Einstellungsänderungen zu Compliance herbeiführen bzw. wie kann eine hohe Konsistenz zwischen Einstellung und Verhalten erreicht werden?
- Welche Rolle spielen Sanktionen und Anreize für compliantes Verhalten?
  - → *Antworten hierzu finden sich in Theorien zur Informationsverarbeitung und Einstellungsbildung wie dem Modell der Elaborationswahrscheinlichkeit*
- Welche Gründe gibt es für regelwidriges Verhalten?
- Wie rechtfertigen Mitarbeiter Regelverstöße vor sich und anderen, sodass die Aussage „Keine Regel ohne Ausnahme" für sie selbst und ihr Verhalten entlastend wirkt?
  - → *Erklärungen dafür gibt die Kognitive Dissonanztheorie*
- Welche Rolle spielen Vorbilder, damit sich Menschen regelkonform verhalten?
- Wie ist hier zu unterscheiden zwischen positiven und negativen Vorbildern?
  - → *Antworten darauf gibt die Theorie der Sozialen Vergleiche*

© Springer Fachmedien Wiesbaden GmbH 2018
S. Femers-Koch, *Compliance-Kommunikation aus wirtschaftspsychologischer Sicht*, essentials, https://doi.org/10.1007/978-3-658-19810-7_4

- Welche sonstigen sozialen Einflüsse spielen eine Rolle, um Regeltreue oder Regelbruch nachvollziehbar zu machen?
- Wie entsteht Compliance oder Non-Compliance in Gruppen oder Teams?
  → *Antworten hierzu finden sich in Ansätzen zur Konformität*
- Unter welchen Umständen muss mit Abwehr von oder Widerstand gegen Compliance-Kommunikation im Unternehmen gerechnet werden?
- Welche Freiräume im Umgang mit Regeln sollten Mitarbeitern zugestanden werden, um das Erleben von Autonomie zu stützen und so Regelakzeptanz zu fördern?
  → *Erklärungen dafür ergeben sich aus der Reaktanztheorie*

Diese und ähnliche Fragen sollen nachfolgend insbesondere im *Rückgriff auf sozial- und wirtschaftspsychologische Ansätze* geklärt werden (vgl. hierzu z. B. Fischer und Wiswede 2009; Chadee 2011; Femers 2012a, b, 2015 sowie Raab et al. 2016). *Wirtschaftspsychologie* will generell theoretisches Wissen im Kontext praktischer wirtschaftlicher Probleme aufzeigen: „Die Wirtschaftspsychologie befasst sich mit dem Verhalten von Menschen – Individuen und Gruppen – am Arbeitsplatz, in Organisationen, am Markt und mit deren Verständnis gesamtwirtschaftlicher Zusammenhänge und entsprechenden Handlungen" (Kirchler 2011, S. 2). Sie will Verhalten und Erleben von Menschen im wirtschaftlichen Kontext beschreiben, erklären und vorhersagen, zum Verständnis von Ursache und Wirkung von Verhalten beitragen und auf dieser Basis zielgerichtete Interventionen möglich machen (Landes und Steiner 2013, S. 45 f.) Die wirtschaftspsychologische Perspektive wird somit den angesprochenen Herausforderungen im Management von Compliance generell gerecht.

Wirtschaftspsychologen betrachten Compliance-Management-Systeme anders als Juristen oder Betriebswirtschaftler und sie betrachten sie durchaus kritisch: Compliance kann generell als Ausdruck von Misstrauen verstanden werden. Und Compliance bedeutet Gefügigkeit. Damit geht es in den meisten Compliance-Management-Systemen um Gefügigkeitsregeln, die generell Verunsicherung hervorrufen können. Mitarbeiter werden hier nämlich nicht wie bei anderen Angelegenheiten im Unternehmen als verantwortungsvolle Partner im Leistungserstellungsprozess wertgeschätzt, es wird ihnen vielmehr eine unmündige Kindsrolle zugeschrieben. Das verheißt nichts Gutes, denn: „Vertrauen und Kontrolle vertragen sich nicht. Man kann nicht beides haben." (Bechtoldt 2014 zitiert nach Jäckel (2014, 13 ff.).

Compliance verlangt außerdem verallgemeinert die Normorientierung an der Gemeinschaft und soll Eigennutzmaximierung einschränken. Folglich müssen Unternehmen Gelegenheiten verhindern, die es Mitarbeitern leicht machen, sich eigennützig zu verhalten. Die Versuchung des Stehlens z. B., die Aneignung von Besitz, der einem nicht zusteht, ist eine besondere Herausforderung für psychologisch sinnvolle Interventionen. Denn wie Munger (zitiert nach Larcker und Tayan 2014, S. 21 ff.) treffend formuliert, würden die meisten Menschen stehlen, wenn es einfach wäre und wenig Aussicht auf Strafe gäbe: „Sobald sie anfingen, würde sich das Prinzip der kognitiven Konsistenz (…) mit dem Prinzip der operanten Konditionierung kombinieren, um das Stehlen zur Gewohnheit zu machen". Fraglich ist vor dem Hintergrund dieser wie auch anderer psychologischer Gesetzmäßigkeiten sowie menschlicher Denk- und Verhaltensmuster, ob die Kommunikation von Compliance-Prozessen und -Regeln in der Praxis der Unternehmenskommunikation diese psychologischen Perspektiven ausreichend berücksichtigt.

Die Frage, ob eine Person sich compliant zeigt oder nicht, kann auch als eine Charakterfrage gestellt werden. Die Wirtschaftsethik beschäftigt sich mit dem Charakter von Personen, Organisationen und Gesellschaften und kommt bezüglich der Charakterbildung zu Erkenntnissen, die eine große Nähe zu verhaltenswissenschaftlichen bzw. psychologischen Erkenntnissen aufzeigen, die bestimmen, ob sich Personen regeltreu verhalten. So resümiert beispielsweise Wieland (2014a, S. 11): „Wenn wir die (…) Diskussion zusammenfassen, dann bieten sich aus verhaltenswissenschaftlicher Sicht vier Faktoren an, die einen signifikanten Einfluss auf die individuelle Charakterbildung haben:

1. Awareness, als vorhandene, gewollte und geschulte Aufmerksamkeit für die moralische Dimension ökonomischer Transaktionen,
2. Perception, als die Fähigkeit, diese moralische Dimension zu identifizieren und zu verstehen,
3. Acceptance, als das innere Einverständnis, die aus dieser Dimension folgende Handlungsaufforderung anzuerkennen,
4. Commitment, als Verpflichtung, diese Handlungsaufforderung auf sich selbst zu beziehen und sie nicht an andere zu delegieren".

So gesehen ist compliantes Verhalten als Resultat komplexen innerpsychischen Geschehens zu betrachten und keine simple Antwort auf die Frage nach einem bestimmten Charakter, der Regeltreue möglich macht oder Non-Compliance vorherbestimmt. Zu suchen sind nach diesem Ansatz nicht bestimmte Persönlichkeitstypen mit kriminellem Potenzial oder Menschen mit spezifischen Charakterschwächen (vgl. hierzu z. B. Wieland 2014b, S. 76 ff. sowie 81 ff.) Vielmehr werden psychische Prozesse in den Blick genommen, die in ganz normalen, allgemeinen Abläufen und „Gesetzmäßigkeiten" des „Systems Mensch" als begrenzt rationalem, emotionalem und sozialem Wesen zu verorten sind.

Der *Verhaltenswissenschaftliche Ansatz* ermöglicht es aber auch, Ansatzpunkte für Wahrnehmungs-, Einstellungs- und Verhaltensänderungen auszumachen, die die Wahrscheinlichkeit complianten Handelns erhöhen. Und an solchen Ansatzpunkten kann sich Compliance-Kommunikation orientieren, um ihre persuasiven Absichten zu verfolgen.

Allerdings bringt die verhaltenswissenschaftliche Perspektive eine wesentliche Einschränkung mit sich: Während aus betriebswirtschaftlicher oder rechtswissenschaftlicher Perspektive in der Regel mit der Orientierung auf absolute Rationalität an die Frage complianten Verhaltens im Unternehmen herangegangen wird, geht die Verhaltenswissenschaft grundsätzlich von der *begrenzten Rationalität menschlichen Denkens, Handelns und Fühlens* aus (Schneider und Geckert 2017, S. 28 f.). Selbstverständlich unterscheidet z. B. auch die Wirtschaftsethik die Wirtschaftsmoral als akzeptierte Regeln innerhalb des Systems Wirtschaft von dem tatsächlichen Handeln von Wirtschaftsakteuren in der Wirtschaftspraxis (z. B. Holzmann 2015, S. 19), aber Unternehmensvertretern und insbesondere auch Compliance-Verantwortlichen mit juristischer oder wirtschaftswissenschaftlichem Bildungshintergrund fällt es oftmals ausgesprochen schwer, irrationales oder nur begrenzt rationales Verhalten nachzuvollziehen.

Rekurriert wird dann gerne darauf, dass es doch die Regeln gibt, und diese schlicht einzuhalten sind. Eine ebenfalls große Herausforderung ist es, dass es zwischen Wissen und Einstellung auf der einen Seite und tatsächlichem Verhalten auf der anderen Seite oft unüberwindbare Abgründe gibt. Mit diesem „Gap" bzw. der „Intentions-Verhaltens-Lücke" beschäftigen sich Psychologen intensiv theoretisch und empirisch, im Training und in der Therapie (siehe hierzu z. B. Knoll et al. 2017, S. 45 ff.).

Vor dem Hintergrund dieser „Kultur-Unterschiede" von Compliance-Betrachtungen und den Herausforderungen für die Praxis soll mit Blick auf die Unternehmenskommunikation im weiteren gefragt werden, welche *Praxisbeispiele von Compliance-Kommunikation* sich an gut untersuchten menschlichen Verhaltensprinzipien orientieren und somit berechtigte Hoffnungen auf gewünschte Effekte haben dürften. Empirisch ergibt sich in diesem Kontext allerdings ein *generelles Zugangsproblem:* Nur wenige Unternehmen gewähren Einblick in die Art und Weise, wie sie Compliance-Kommunikation praktizieren. Viele Kommunikationsmaßnahmen sind nach innen gerichtet und finden daher keinen Eingang in die Öffentlichkeit. Nur große Unternehmen, die auch ihre Compliance-Aktivitäten vor ausgewählten Stakeholdern präsentieren und legitimieren müssen, sind transparent bezüglich der Praxis ihrer Compliance-Kommunikation z. B. in Form von Geschäftsberichten oder auf unternehmenseigenen Websites.

Es finden sich auch Illustrationen von Compliance-Kommunikation in Form von Referenzprojekten in Agenturselbstdarstellungen. Allerdings können Kommunikationsberater nur in Ausschnitten Einsichten in Auftragskommunikation für ihre Klienten gewähren, da diese gerade bei einem sensiblen Thema wie Compliance geschützt werden müssen. Anders also als bei externen Kommunikationskampagnen in Werbung und Public Relations ist der Zugang zum Kommunikationsfeld schwierig. Daher dürfen die in nachfolgenden Abschnitten dieser Abhandlung gegebenen Beispiele der Compliance-Kommunikation nicht als repräsentativ im Sinne des „State of the Art" verstanden werden, sondern als *selektive Einblicke* in die Compliance-Kommunikation von Unternehmen.

Compliance, Elaborationswahrscheinlichkeit von Informationen und Einstellungsbildung

5

5.1 Grundzüge des theoretischen Modells der Elaborationswahrscheinlichkeit

Im Hinblick auf die Informationsverarbeitung und Einstellungsbildung stellen sich aus der Perspektive der Compliance-Kommunikation folgende Fragen:

- Wie verarbeiten Menschen Informationen? Welche Art von Information kann beim Aufbau von Regeltreue besonders geeignet sein?
- Wie kann man Einstellungsänderungen zu Compliance herbeiführen bzw. wie kann eine hohe Konsistenz zwischen Einstellung und Verhalten erreicht werden?
- Welche Rolle spielen Sanktionen und Anreize für compliantes Verhalten?

Eine Einstellung ist psychologisch betrachtet „als eine kognitive Kategorie (…) (von, Ergänzung der Autorin) Individuen aufzufassen, die bei diesen u. a. die Funktion der Strukturierung ihrer erlebten Wirklichkeit erfüllt und (…) Einfluss auf ihr Verhalten ausübt" (Fischer und Wiswede 2009, S. 283). Das Modell der Elaborationswahrscheinlichkeit („Elaboration-Likelihood-Model" nach Petty und Cacioppo (1986)) auch als „Cognitive Response-Modell" bezeichnet, stellt ein gut untersuchtes theoretisches Modell der Informationsverarbeitung dar, das verschiedene Wege unterscheidet, auf denen Menschen beeinflussende Informationen verarbeiten und korrespondierende Einstellungen bilden (Fischer und Wiswede 2009, S. 363 f.; Klimmt 2011, S. 15 ff.; Wagner und Petty 2011, S. 96 ff.; Femers 2015, S. 66 ff.; Raab et al. 2016, S. 105 ff.). Positiv wird in diesem Modell unterstellt, dass Menschen motiviert sind, angemessene Einstellungen zu Personen, Organisationen oder Sachverhalten zu entwickeln. Ob sie dafür angebotene Informationen eher oberflächlich oder tief gehend verarbeiten, hängt von ihrer sogenannten Ich-Beteiligung bzw. ihrem *Involvement* ab.

© Springer Fachmedien Wiesbaden GmbH 2018
S. Femers-Koch, *Compliance-Kommunikation aus wirtschaftspsychologischer Sicht*, essentials, https://doi.org/10.1007/978-3-658-19810-7_5

Sind Informationsempfänger hoch involviert, werden sie eher ausführliche Überlegungen zu einem Thema anstellen, viele Informationen differenziert betrachten und verschiedene Argumente abwägen sowie Informationsverarbeitungs- und Entscheidungsprozesse zeigen, die mit starker kognitiver Beteiligung einhergehen. Bei solchen Verarbeitungsweisen spricht man von dem *zentralen Weg der Überzeugung,* der im Idealfall zu stabilen Einstellungen führt. Beim *peripheren Weg der Informationsverarbeitung* dagegen verzichtet der Empfänger von Informationen auf aufwendige oder umständliche Verarbeitungsprozesse. Vielmehr sind für die Überzeugung die Einflüsse von Schlüsselreizen oder peripheren Hinweisreizen, Gewohnheiten oder festgefahrenen Konditionierungen ausschlaggebend. Die auf peripherem Wege aufgebauten Einstellungen sind allerdings labil und können relativ leicht modifiziert werden. Solche peripheren Wege wählen Personen, die eine geringe geistige Beweglichkeit aufweisen, wenig Neugierde zeigen und kaum Interesse an einem Thema haben.

Dennoch bedeutet eine zentrale Verarbeitung im Unterschied zur peripheren nicht zwingend eine richtige und rationale Überzeugung (das hängt vielmehr vom angebotenen Material und den Voreinstellungen ab). Und eine periphere Verarbeitung muss nicht zwangsläufig in einer „falschen" Überzeugung oder Handlung resultieren, sondern kann angesichts der Fülle von Informationen, die Menschen zu allen möglichen Themen täglich zur Verfügung stehen, ein durchaus rationales, ökonomisches Informationsverarbeitungsresultat darstellen. Ob Menschen in einer spezifischen Situation den peripheren oder zentralen Weg der Informationsverarbeitung wählen, hängt grundsätzlich von ihrer Motivation und Fähigkeit ab.

Unter dem Begriff *Motivation* versteht man im Rahmen des Cognitive Response-Ansatz, ob jemand ein angebotenes Thema persönlich relevant empfindet, ob er ein starkes Bedürfnis hat, sich damit gedanklich auseinanderzusetzen, ob er eine Verantwortung beim vorliegenden Thema für sich wahrnimmt und eine Diskrepanz der neuen Informationen im Unterschied zu den schon bekannten Tatsachen eines Themenkontextes erkennt. Ist eine Person nach diesen Kriterien hoch motiviert gegenüber einem Informationsgegenstand, spricht man wie oben gesagt von einem hohen Involvement bzw. einer hohen Ich-Beteiligung. In Bezug auf die *Fähigkeiten* zur Informationsverarbeitung werden im Modell der Elaborationswahrscheinlichkeit Vorkenntnisse zum Thema, die Strukturiertheit von Informationsangeboten und eventuelle Ablenkungseffekte berücksichtigt.

Die *Kernaussage des Modells* lautet: Je höher die Fähigkeit und die Motivation einer Person ausgeprägt ist, eine angebotene Kommunikationsbotschaft angemessen zu verarbeiten, desto eher wird das Individuum den zentralen, elaborierten Weg der Informationsverarbeitung beschreiten. Sind weder Motivation noch Fähigkeit stark ausgeprägt, wird ein Individuum wahrscheinlicher den peripheren Weg der Überzeugung gehen. Auch Menschen mit großer intellektueller Leistungsfähigkeit können sich peripher beeinflussen lassen. Denn die Überzeugungswirkung eines Informationsangebotes hängt mit dem Grad des Involvements zusammen bzw. damit, ob ein Thema eine hohe Relevanz für die Person hat oder nicht. Dabei sollte man sich die zentrale und periphere Route der Informationsverarbeitung nicht als grundsätzliche Alternativen denken, sondern als Endpunkte eines gedachten Kontinuums (Wagner und Petty 2011, S. 97). Auch ein Wechsel der Informationsverarbeitungswege ist in Abhängigkeit von den genannten Einflussfaktoren möglich. Insbesondere bei Themen, bei denen zunächst einmal nicht von einem hohen Involvement auszugehen ist, kann nach einem Einstieg über die periphere Route ein Wechsel auf den zentralen Weg der Informationsverarbeitung und Persuasion möglich werden.

Die für die periphere Verarbeitung relevanten *Hinweisreize* sind die in der Literatur zum Modell der Elaborationswahrscheinlichkeit typischerweise erwähnten Informationsaspekte wie die eingeschätzte Glaubwürdigkeit eines Kommunikators, eingängige Schlüsselreize, Symbole, Farben, Bilder oder die Emotionalität der Information. Periphere Beeinflussung bedeutet daher so viel wie Informationen „gut zu verpacken", eine emotionale Ansprache zu pflegen, sympathische und attraktive Kommunikatoren einzusetzen und/oder vereinfacht gesagt „auf Masse statt Klasse" zu setzen. Dennoch kann die so gestaltete Information nicht nachhaltige Überzeugung produzieren. Nur Einstellungen oder Einstellungsänderungen, die auf der zentralen Route der Informationsverarbeitung aufbauen, erweisen sich als zeitlich stabil und widerstandsfähig gegenüber gegensätzlichen Persuasionsversuchen und haben stringente Verhaltensauswirkungen (Klimmt 2011, S. 54). Für die strategische Kommunikationsplanung lässt sich aus diesem theoretischen Ansatz schlussfolgern, dass nur im Falle von genauen Kenntnissen über die Zielgruppen, über ihr Wissen und ihre Voreinstellungen und beim Einsatz zielgruppenspezifischer Maßnahmen langfristiger Persuasionserfolg und stabile Einstellungen möglich sind.

Einstellungen sind als Bewertungen und damit verbundene Verhaltensdispositionen gegenüber einem Objekt, einer Person oder einem Thema zu verstehen, die als instabile Größen durch sozialen Einfluss veränderbar sind. Auch bei einem Überzeugungsversuch auf dem zentralen Weg der Persuasion ist immer zu berücksichtigen, dass Menschen eine grundsätzliche Motivation haben, ihre einmal eingenommene Haltung zu bewahren, d. h. *kognitive Konsistenz* zu erhalten, und keine Konflikte zwischen Einstellungen sowie Einstellung und Verhalten zuzulassen (Eagly und Chaiken 1995, S. 413 f.). Dieses Konsistenzphänomen bzw. „kognitive Balance- oder Harmoniebedürfnis" muss bei dem Versuch, Einstellungen zu modifizieren, berücksichtigt werden, wie die Erörterung der kognitiven Dissonanztheorie im nächsten Abschnitt noch genauer aufzeigen wird. Als Bedingungen, nach denen eine Einstellungs- oder Verhaltensänderung grundsätzlich resultieren kann, werden in klassischen Einstellungstheorien drei Möglichkeiten unterschieden (Kelman 1958, S. ff.):

- *„Compliance":* eine Verhaltensänderung, die auf antizipierten Konsequenzen basiert wie z. B. die Hoffnung auf Gewinne bzw. Belohnungen oder die Vermeidung von Bestrafung.
- *„Identifikation":* eine Einstellungsänderung auf der Basis der gewünschten Ähnlichkeit zu einer Person, die man mag oder bewundert.
- *„Internalisierung":* eine Einstellungsänderung, die darauf beruht, dass die Veränderung intrinsisch belohnend ist und so zu Veränderungen der Anschauungen führt und das Verhalten zu einem Objekt oder in einem bestimmten Kontext ändert.

Für Einstellungsänderungen besonders restriktive Bedingungen stellen allerdings *Werte* dar: „Die zentralen, viele andere Einstellungen beeinflussenden Einstellungen sind Werte. Sie sind besonders änderungsresistent, weil ihre Änderung dazu führen würde, viele andere Einstellungen ebenfalls ändern zu müssen. Personen ändern leichter solche Einstellungen, deren Änderung weniger weiterführende Veränderungen zur Folge haben würden" (Raab et al. 2016, S. 24 f.). Positiv gewendet heißt das aber auch, sind Persuasionsbotschaften kognitiv anschlussfähig, d. h. konsistent zu Werten als zentralen Einstellungen, sind die Chancen groß, dass der Überzeugungsversuch gelingt. Compliance-Kommunikation muss solche Grundregeln der kognitiven Ökonomie des Menschen beachten, um erfolgreiche Persuasion im Sinne von Regelkonformität möglich zu machen (im Überblick finden sich hierzu zusammenfassende Aussagen verschiedener theoretischer Konzepte der Persuasionsforschung bei Stroebe 2014, S. 231 ff.).

5.2   Konsequenzen für die Compliance-Kommunikation

Compliance-Kampagnen sind in der Logik der psychologischen Einstellungstheorien besonders dann erfolgversprechend, wenn sie an zentrale *Werte* eines Unternehmens anschließen. Compliance-Informationen bestätigen nämlich in diesem Fall das, was Menschen sowieso schon fest verankert haben. Eine korrespondierende praktische Umsetzung zeigt die Compliance-Kommunikation der *Deutsche Bahn AG* mit dem Titel *„Wissen, was unsere Werte schützt"* seit 2012, die von der Kommunikationsberatung A & B One, Frankfurt, betreut wurde. In der Mitarbeiterkommunikation sensibilisierte die Deutsche Bahn für die Anforderungen von Compliance insbesondere mit einem Film, der das Compliance-Verständnis illustrierte. Dabei wurde der Grundgedanke verdeutlicht, dass ein gutes Wertesystem bereits zu Hause in der Familie, beim Sport in der Freizeit oder im privaten Freundeskreis selbstverständlich gelebt wird und nur auf das Arbeitsfeld zu übertragen ist. Der mehrfach prämierte Film zeigte drei private Bereiche von DB-Mitarbeitern, in der Familie im Umgang eines Vaters mit seiner Tochter, auf dem Sportplatz beim Fußballspielen und im Kontakt unter Freundinnen (Deutsche Bahn AG 2012).

Den strategischen Ansatz der Kampagne erläutert die verantwortliche PR-Agentur wie folgt: „Wir bauen eine Brücke zwischen den Wertestandards des Unternehmens und dem persönlichen Wertekanon von Management und Mitarbeitern. Wir stellen einen von der persönlichen Perspektive der Mitarbeiter getragenen, emotionalen Zugang zum rationalen Regelsystem her. Wir machen dessen selbstverständliche, alltägliche Sinnhaftigkeit klar. Damit stiften wir Identifikation, Orientierung und konkreten Nutzen" (A & B One 2016, o. S.). Der Kommunikationsansatz wurde u. a. auch in Form von Plakaten transportiert, deren Headlines passend zu den abgebildeten Szenen aus dem Leben von DB-Angestellten die Kernbotschaften lieferten: „Vorbildlich. Nicht nur zu Hause.", „Korrekt. Nicht nur auf dem Platz." Und „Ehrlich. Nicht nur zur besten Freundin" (A & B One 2016, o. S.).

Wichtig für die Glaubwürdigkeit und Authentizität der Kampagne dürfte die Tatsache gewesen sein, dass keine Modells in Film und Plakaten inszeniert wurden, sondern die dargestellten Mitarbeiter identifizierbare Kollegen bzw. Kolleginnen waren: Sebastian Lange, Rüdiger Scherer und Janin Uterodt als eine/r unter 300.000 Kollegen und Kolleginnen, die sich in der Copy der Plakate zu einem „Wir" zusammenfügen: „Wir bei der Deutschen Bahn wissen, worauf es ankommt: Nur im Team und auf Basis gemeinsamer Werte können wir erfolgreich sein. Deshalb schützen wir sie. Und werden unsere Werte einmal im Umgang mit Geschäftspartnern und Kollegen auf die Probe gestellt, helfen wir uns gegenseitig dabei, vorbildlich zu bleiben. (…) DB Compliance. Wissen, was unsere Werte schützt" (Voß 2013, S. 18).

Die Kampagne verzichtete auf negative Unterstellungen den eigenen Mitarbeitern gegenüber. Denn sie sind nicht das Problem. Compliance-Probleme tauchen in der Philosophie dieser Kampagne dadurch auf, dass von außen unlautere Mittel und Methoden an sie herangetragen werden (Voß 2013, S. 17). Damit wird die potenzielle Gefährdung von Mitarbeitern ins Zentrum gerückt und gezeigt, dass sie durch die Werte, die sie leben, sich selber und den Konzern gegen Regelverstöße schützen können. So wurde „zusätzlich zur Kontrollfunktion vor allem die Schutz-funktion von Compliance" deutlich (Voß 2013, S. 18). Und damit werden Mitar-beiter zu den wesentlichen Säulen des Compliance-Systems gemacht. Dies drückt Wertschätzung und zugesprochene Verantwortlichkeit aus. Konsequent ist es daher auch, dass Mitarbeiter als „Helden gefeiert" werden. Zumindest wird dies implizit angedeutet, man kann das aus Film und Plakat schließen, denn dort ist eine Kin-derzeichnung vom DB-Mitarbeiter Sebastian Lange zu sehen, den seine Tochter in der Familiensequenz des Films als Superman dargestellt hat. Welcher Vater möchte sich damit nicht identifizieren?

Mit Blick auf die erste der weiter oben angeführten Bedingungen der Ein-stellungsmodifikation, der *Compliance, die nach einem Konditionierungsprinzip* funktioniert, muss gesagt werden, dass es neben der konsequenten Sanktionie-rung von Compliance-Verstößen im Unternehmen auch aussichtsreich sein kann, compliantes Verhalten zu belohnen. Mitarbeiter, die sich konsequent regelkonfom verhalten, werden dafür selten belohnt. Im Fokus steht der Regelverstoß – was für compliante Mitarbeiter frustrierend wirken könnte. Für normadäquates Verhalten Anreizsysteme zu entwickeln, hieße nicht zwingend, dass jeder Normalfall mit Boni quittiert würde, aber eine symbolische Anerkennung, eine aufmerksamkeits-starke Hervorhebung davon, dass ein Unternehmen z. B. stolz ist, gelebte Compli-ance als Normalität zu erleben, wäre einen Versuch der Überzeugung wert.

Ein spezielles Belohnungsprinzip hat die deutsche *Shell AG* 2014 mit dem „*Compliance Cup"* mit positivem Ergebnis erprobt, indem sie Anerkennung allein dafür in Aussicht gestellt hat, dass Mitarbeiter Compliance-Regeln kennen Alebrand (2015, S. 35). In Form eines Online-Rennspiels wurde Shell Mitarbei-tern in Deutschland, Österreich und der Schweiz ein wöchentliches Quiz mit fünf Fragen (in acht verschiedenen Ausprägungen je nach Geschäftsbereich) zur Ver-fügung gestellt. Die Multiple-Choice-Fragen zu ganz konkreten Situationen im Betrieb mussten so schnell wie möglich beantwortet werden. Das Team, das am schnellsten die richtigen Antworten gegeben hatte, konnte sein Rennauto im Spiel weiterbewegen. Mitarbeiter hatten die Chance, sich zu dritt als Team anzumel-den, Rennlizenzen zu bekommen und dem Team eigene, fiktive Namen zu geben. Auf Monatsbasis wurden Etappensieger gekürt und die drei Hauptgewinnerteams erhielten Compliance-Pokale von einem der Geschäftsführer der Shell Deutsch-land. Außerdem wurde diesen Compliance-Renn-Profis mit Fotos und Begleitar-tikeln in der Mitarbeiterzeitung auch spielübergreifend Aufmerksamkeit zu teil.

Hinsichtlich des zweiten Modus der Einstellungsänderung, der *Identifikation,* einer Einstellungsmodifikation auf der Basis der gewünschten Ähnlichkeit zu einer Person, gibt es eine Korrespondenz zur Empfehlung in der Kommunikationspra-xis, *Führungskräfte als Vorbilder* in den Fokus von Kommunikationsaktivitäten zu stellen. Führungspersonen können, müssen aber nicht zwingend Personen sein, denen man in zentralen Merkmalen wie der Korrektheit und Integrität ähnlich sein möchte. Führungskräfte stehen ob ihres faktischen Verhaltens dafür auch in der Realität schlichtweg nicht immer im Sinne eines Katalysators für compliantes Verhalten zur Verfügung. Dennoch muss in der Compliance-Kommunikation nicht auf diese Option der Persuasion über Dritte verzichtet werden. Es gibt Unternehmen, die auf *reale und fiktive Vorbilder* innerhalb und außerhalb des Unternehmens bzw. der Führungshierarchie für compliantes Verhalten in der Kommunikation setzen, wie weiter unten im Anschluss an die Theorie der sozialen Vergleiche noch anhand von Praxisbeispielen gezeigt wird.

In Bezug auf die dritte oben angeführte Variante der Einstellungsmodifikation, die *Internalisierung,* einer Einstellungsänderung, die darauf beruht, dass die Veränderung intrinsisch belohnend ist und so zu Veränderungen der Anschauungen führt und das Verhalten bestimmt, ist zu fragen wie Compliance-Kommunikation das praktisch erreichen kann. Compliance bzw. Integrität als gelebte Haltung in einem Unternehmen kann nur mit erheblichem kommunikativem Aufwand erreicht werden. Dafür sprechen die Vorhersagen des oben skizzierten Modells der Elaborationswahrscheinlichkeit bzw. des Cognitive Response Approach. Compliance-Kommunikation, die allein auf den peripheren Weg der Überzeugung setzt, greift hier zu kurz. Entscheidend ist, dass eine zentrale Auseinandersetzung mit Compliance-Themen erfolgt und Mitarbeitern dafür geeignete Anreize gegeben werden. Grundsätzlich kann nicht erwartet werden, dass ein Thema wie Compliance für alle Mitarbeiter einen attraktiven Gegenstand der intensiven gedanklichen Beschäftigung darstellt. Aber angestrebt werden kann, über die Kommunikation auf dem peripheren Weg der Informationsverarbeitung zentrale Verarbeitungsvorgänge zu evozieren.

In diesem Zusammenhang stellt sich die Frage, was für periphere Hinweisreize dafür eingesetzt werden können. Die Empfehlungen von Schach und Christoph (2015, S. 9) sind hier grundsätzlich relevant: „Die Arbeit mit visuellen und audiovisuellen Elementen, einem einprägsamen Slogan, einem Symbol oder Logo oder einer Identifikationsfigur unterstützt die Einprägsamkeit einer solchen Kampagne und erhöht die Wiedererkennung". Müller (2013, o. S.) berichtet über ein erfolgreiches Key Visual in einem Kommunikationsansatz von *Infinitas Learning,* einem Unternehmen, das innovative Produkte und Dienstleistungen für Lehre und Lernen bereitstellt: „Key Visual der Kampagne, und somit Wiedererkennungseffekt, ist ein Karabinerhaken. Er steht für das Absichern im Arbeitsalltag mit Compliance-Richtlinien. Der eingängige Slogan „Be safe with Compliance" ist Teil aller Compliance-Maßnahmen". Ein solches zum Thema gut korrespondierendes Key Visual wie der *Karabinerhaken* dient *als kognitiver Anker,* wenn er durchgängig im Kampagnenmaterial Verwendung findet, grundsätzlich positiv konnotiert ist und aus der Alltagserfahrung heraus für Sicherheit steht. Ein Steigbügel, ein Seil oder ein Sicherungsnetz könnten symbolisch ähnliche Funktionen erfüllen. Was aber kann *das entscheidende Involvement* schaffen, die emotionale Beteiligung und persönliche Bedeutsamkeit im Kontext von Compliance? Die Bleiwüsten der Codes of Conducts auf einschlägigen Intranetseiten von Unternehmen sind es jedenfalls nicht. Der *Compliance Branding Ansatz der Audi AG* (2012) liefert dazu ein interessantes Beispiel aus der Praxis der Compliance-Kommunikation (Martin et Karczinski 2016a, o. S.)[1]. Der Automobilhersteller hat das Thema Recht und Verantwortung aus einem Corporate Design-Blickwinkel kommuniziert und so das schwierige und spröde Thema Compliance positiv gerahmt, was schon der Kampagnenslogan „Protect what you love" illustriert. Das zentrale Mittel der Kampagne stellte ein Imagefilm der Governance, Risk & Compliance-Unit der Audi AG dar, der eindrucksvoll in seiner Bildsprache die Bedeutung von Leitlinien für den Schutz der Marke Audi nachweist. Dieser Film hatte nichts vom „Bürokratischen Monster" Compliance in sich und verzichtete konsequent auf Gebots- oder Verbotskommunikation (Martin et Karczinski 2016b, o. S.).

Er half dem Zuschauer zu verstehen, dass es der Marke schadet, wenn Regeln nicht eingehalten werden. Die Abteilung Covernance, Risk & Compliance wurde damit zugleich aus dem Schatten heraus als Botschafter für gute Markenführung positioniert. Das schafft die Verbindung von Compliance und den Grundwerten der Marke. Die thematische Leitidee und Positionierung wird im nachfolgenden Text einer Broschüre von Governance, Risk & Compliance der Audi AG im Rahmen dieser Kampagne gut deutlich:

> Dinge, die uns am Herzen liegen, die wir in besonderem Maße wertschätzen, versuchen wir zu jedem Zeitpunkt und mit all unserer Kraft zu schützen. Sowohl die Marke Audi als auch ihre Produkte bedürfen eines solchen gewissenhaften Schutzes. Governance, Risk & Compliance setzt sich dafür ein, durch ethisch einwandfreie Entscheidungen und verantwortungsvolles, regelkonformes Handeln die Reputation und den Erfolg der Marke Audi auch in Zukunft zu bewahren. Gemeinsam mit Ihnen wollen wir das schützen, was uns jeden Tag aufs Neue beeindruckt und bewegt. Protect what you love (Audi AG 2012, S. 15).

---

[1]Die Compliance-Kommunikation der Audi AG wird auch ausführlich als Fallstudie von den Machern der Kampagne im Handbuch Compliance Management beschrieben (Martin und Karczinski 2014, S. 770 ff.).

Die Aufforderung „Protect what you love" ist gut dafür geeignet, die emotionale Identifikation mit dem Thema Compliance zu schaffen, die dazu motiviert, sich mit dem Thema ernsthaft und differenziert auseinanderzusetzen, um wissensbasiert und aus Überzeugung Compliance bzw. Integrität als Haltung anzunehmen und danach zu handeln. So kann die notwendige intrinsische Motivation geschaffen werden, die zur Immunisierung gegen die Verführungen der Regelabweichung beitragen kann. Der Titel der Kampagne, ein Imperativ, „Protect what you love"[2] hat Bezüge zur kognitiven Konsonanz bzw. Dissonanz, einem psychologischen Konzept, das im nächsten Abschnitt noch genauer erläutert wird: Wenn ich meine Marke liebe, dann kann ich ihr nicht schaden. Markenschädigendes Verhalten muss kognitive Dissonanz, d. h. Spannungen, auslösen. Compliantes Verhalten dagegen kann die positive Einstellung zur Marke festigen.

---

[2]Dass der Kampagnenslogan gut gewählt war, legt auch ein Statement von Will (zitiert nach Jäckel (2015, o. S.) nahe: „'Dieser Claim hat sich seitdem derart in die Köpfe eingeprägt, dass er sogar in Betriebsversammlungen genutzt wird, wie auch bei Kampagnen anderer Bereiche, so zum Beispiel in der Informationssicherheit und beim Datenschutz. Das alles sind natürlich wertvolle Multiplikatoren für unsere Compliance-Arbeit', so Dietmar Will."

Compliance und kognitive Dissonanz 6

6.1 Grundzüge der Theorie kognitiver Dissonanz

Die Theorie kognitiver Dissonanz ist eine Konsistenztheorie sozialpsychologischen Ursprungs, die erklären will, wie Menschen mit inneren und äußeren Widersprüchen umgehen und grundsätzlich davon ausgeht, dass Menschen einen Zustand der Widerspruchsfreiheit anstreben. Im Zusammenhang mit Compliance kann man fragen:

- Welche Gründe gibt es für regelwidriges Verhalten trotz Kenntnis von verpflichtenden Compliance-Regeln?
- Wie rechtfertigen Mitarbeiter Regelverstöße vor sich und anderen, sodass die Aussage „Keine Regel ohne Ausnahme" für sie selbst, ihr Denken und ihr Verhalten entlastend wirkt?

Die kognitive Dissonanztheorie wird häufig dafür in Anspruch genommen, um zu erklären, wieso man nach einer Entscheidung wichtige Informationen anders verarbeitet als vorher. Das nach einer Entscheidung aufkommende Zweifeln oder Bedauern darüber, dass man die eine Alternative und nicht eine andere gewählt hat, zeigt, dass Entscheidungen kognitive Spannungszustände auslösen können, die abgebaut werden, indem man beispielsweise Optionen oder Bewertungskriterien im Nachhinein anders gewichtet als zuvor. Nach Raab et al. (2016, S. 47) kann aber die Bedeutung der Theorie kognitiver Dissonanz als noch viel weitreichender angesehen werden: „(...) das gesamte menschliche Informationsverarbeitungsverhalten lässt sich dissonanztheoretisch erklären. Menschen weisen die starke Tendenz auf, Informationen so zu verarbeiten, dass sich keine kognitiven Widersprüche im eigenen Weltbild ergeben".

© Springer Fachmedien Wiesbaden GmbH 2018
S. Femers-Koch, *Compliance-Kommunikation aus wirtschaftspsychologischer Sicht*, essentials, https://doi.org/10.1007/978-3-658-19810-7_6

Der Begriff „Kognition" ist der Ausgangspunkt der ursprünglichen Fassung der Theorie kognitiver Dissonanz von Leon Festinger (1957). Er verstand unter diesem Begriff alle möglichen Inhalte des menschlichen Informationsverarbeitungssystems wie Gedanken, Einstellungen, Überzeugungen, Wünsche, Annahmen, Erkenntnisse, Erinnerungen, Vorstellungen, das repräsentierte eigene Verhalten und das anderer Menschen sowie die Vorstellungen, die man sich über Verhaltenskonsequenzen macht. Auch Beziehungen von Menschen untereinander und die Ideen darüber sind Teil dieses komplexen Gebildes von Kognitionen, die untereinander verbunden sind: „Die Menge aller Kognitionen einer Person bildet ihr kognitives System. Das bedeutet, dass zwischen vielen Kognitionen mehr oder weniger vielfältige und intensive Beziehungen bestehen" (Raab et al. 2016, S. 46 f.).

Wenn nun eine Person Widersprüche zwischen Inhalten dieses Systems verspürt, ist es ihr in der Folge ein Anliegen, kognitive Konsistenz und damit Spannungsfreiheit im System herzustellen (Femers 2015, S. 67). Im Falle dissonanter Kognitionen resultiert ein unangenehmer Zustand:

> Dieser führt zu Aktivitäten der Person, die Dissonanz zu reduzieren oder möglichst vollständig abzubauen. Kognitive Dissonanz steuert das Wahrnehmungs- und Informationsverarbeitungsverhalten. Je stärker die kognitive Dissonanz empfunden wird, umso stärker ist die Motivation, diese zu beseitigen, und je stärker ist vermutlich die Tendenz, erhaltene Informationen selektiv wahrzunehmen und dissonanzreduzierend zu verarbeiten (Raab et al. 2016, S. 49).

Was genau spannungsreduzierende Informationsverarbeitungsvorgänge sind, wurde von Festinger (1957) und anderen Sozialpsychologen analysiert, die diese Theorie sukzessive in den letzten Jahrzehnten theoretisch weiterentwickelt und empirisch untersucht haben. Die Dissonanz erzeugende Information wird von Menschen einerseits selektiv verarbeitet: d. h. sie wird gemieden oder eliminiert, sie wird verzerrt oder geleugnet. Und andererseits wird Dissonanz verringernde Information bevorzugt gesucht, gewichtet und verarbeitet (Femers 2015, S. 68). Die verschiedenen Strategien der menschlichen Informationsverarbeitung[1] und des Verhaltens, die zur Spannungsreduktion eingesetzt werden, sollen nachfolgend im Rückgriff auf einschlägige Arbeiten als theoretische Konzepte kurz

---

[1]Als eng verwandt mit den Dissonanzreduktionsmaßnahmen, die hier aufgeführt sind, kann man auch die Neutralisierungsstrategien auffassen, die Denkmuster, die das eigene Verhalten rechtfertigen, die Weidner im Kontext von Compliance anführt (vgl. Jäckel 2017, S. 17).

vorgestellt werden (vgl. Nail und Boniecki 2011, S. 48 ff.; Felser 2015, S. 223 ff. und insbesondere Raab et al. 2016, S. 49 f.) und anhand von Beispielen aus dem Kontext complianten und nicht-complianten Verhaltens illustriert werden:

- *Das Eliminieren von dissonanten Kognitionen:* Informationen, die im Widerspruch zu einer Handlung, z. B. einem Regelbruch stehen, werden gemieden. D. h. man ignoriert korrespondierende Anweisungen, versucht, nicht darüber nachzudenken, was geschehen ist. Alternativ kann aber auch derjenige, der für den Regelinhalt und -einhalt steht, der Vorgesetzte, der Compliance-Verantwortliche, ein Seminarleiter oder ein vorbildlicher Kollege bewusst gedanklich abgewertet werden, indem diesen Personen die Kompetenz oder die Glaubwürdigkeit abgesprochen werden. Alternativ kann auch eine Information, die zur kognitiven Dissonanz führt, als persönlich nicht bedeutsam eingeschätzt werden im Sinne von „Das geht mich nichts an." oder „Das kommt bei mir nicht vor."
- *Die Addition von konsonanten Kognitionen:* In diesem Fall sucht man selektiv nach Informationen, die die eigene Anschauung oder das eigene Verhalten bestätigen. Man führt sich beispielsweise vor Augen, dass andere, vielleicht sogar vorgesetzte Personen, es mit den Regeln auch nicht so genau nehmen oder für Regelabweichungen keine negativen Konsequenzen erlitten haben. Vielleicht werden sogar solche Personen, die Regeln abwerten oder Regeln brechen, gedanklich aufgewertet in dem Sinne, dass man diese Personen in der eigenen Wahrnehmung als besonders kompetent, bedeutsam, glaubwürdig oder erfolgreich stilisiert.
- *Die Substitution von Kognitionen:* In diesem Fall werden die beiden zuvor beschriebenen Strategien miteinander kombiniert, das bedeutet, dass man gedanklich dissonante durch konsonante Kognitionen ersetzt. Man könnte sich beispielsweise in Erinnerung rufen, dass ein Vorgesetzter, der eine Compliance-Schulung macht und bestimmte Regeln erläutert, in der Vergangenheit selber nicht-compliantes Verhalten gezeigt hat, damit nicht aufgefallen ist, aber in seiner Karriere vorangekommen ist.
- *Die Veränderung von Zielen:* Im Fall der Wahrnehmung dissonanter Informationen werden vorherige Ziele, die man verfolgt hat, neu interpretiert oder anders gewichtet. Ist man beispielsweise der Meinung, dass man nur durch korrektes Verhalten vorankommt, kann dieses Ziel umgewandelt werden: Man will zwar weiterhin Erfolg haben, dieser rechtfertigt aber in der Neuinterpretation jedes Mittel zur Zielerreichung. Kann ich bestimmte Leistungsquoten z. B. nur durch Regelbrüche erreichen, werden diese als wenig verwerflich „entschärft", um dennoch die Zielerreichung als erstrebenswert erleben zu können und dafür auch soziale Anerkennung zu bekommen.

- *Die Verleugnung von Handlungen:* Hat man nicht-compliantes Verhalten gezeigt, kann man dafür im Nachhinein die Verantwortlichkeit leugnen, indem man übermächtigen sozialen Einfluss von Vorgesetzen, einem Kollegen oder einem ganzen Team anführt oder den Regelbruch darauf zurückführt, dass man die Norm nicht gekannt habe, nicht richtig verstanden habe oder nur schlecht darüber informiert worden sei.

- *Die Revision von Handlungen:* Man kann für sich und vor anderen ein Verhalten auch im Nachhinein noch gedanklich rechtfertigen, indem man versucht, das Verhalten zurückzunehmen, einen Regelbruch wieder gut zu machen, z. B. ein unlauteres Angebot wieder zurückzuziehen oder sich zu Non-Compliance offen zu bekennen. Dahinter steht das gedankliche Kalkül, dass eine Selbstanzeige nicht nur mit einer innerlichen Absolution, sondern auch einer äußeren einhergehen kann.

- *Die Kombination von Verleugnung und Revision von Handlungen:* Beide zuletzt angesprochenen Techniken lassen sich auch gut kombinieren. In diesem Sinne könnte man beispielsweise einen Regelbruch offen eingestehen, mit Blick auf die eigene Verantwortlichkeit entlastende Argumente vorbringen und ein Wiedergutmachungsangebot ins Spiel bringen.

Die hier im Kontext der kognitiven Dissonanztheorie vorgestellten Informationsverarbeitungsprozesse stellen typische menschliche Verzerrungen von Realitäten dar, die nicht nur bei devianten Personen mit hohem kriminellem Potenzial zu beobachten sind. Sie gehören quasi zur ganz normalen kognitiven Ausstattung von Menschen, die die ihnen gegebenen Möglichkeiten einsetzen, um mit Widersprüchen möglichst gut leben zu können. Menschen unterschieden sich zwar im Ausmaß der Dissonanz bedingten Kognitionsverzerrung, einfach menschlich ist diese aber trotzdem.

6.2   Konsequenzen für die Compliance-Kommunikation

Gute Compliance-Kommunikation fängt da an, wo sie Menschen zeigt, dass man sie versteht. Compliance-Kommunikatoren sollten daher berücksichtigen, was menschlich ist, und nicht von einem Menschenbild ausgehen, dass nur in der Fiktion von Moralaposteln oder Gutmenschen existiert. Dies ist nur auf den ersten Blick banal. Es liegt nämlich eine gehörige Herausforderung darin, Mitarbeiter in ihrer Begrenztheit anzunehmen, sich quasi empathisch für ihre kognitiven Gewohnheiten zu zeigen, und sie dennoch dazu zu bringen, sich das eigene

Fehlverhalten oder ihre verzerrte Realitätsrepräsentation vor Augen zu führen und die Reflexion über den damit einhergehenden Selbstbetrug anzuregen. Die Mühe kann sich lohnen, wenn dies dazu beiträgt, dass Menschen souveränere Entscheidungen bezüglich ihrer Regeltreue fällen.

Insbesondere die Tatsache, dass die oben geschilderten Informationsverarbeitungsprozesse normal sind und von jedem nachvollzogen werden können, kann beispielsweise für die Darstellung von Compliance-Problemen etwa in Schulungen hilfreich sein. Die gesamten Verzerrungsstrategien von „Addition bis Verleugnung" können szenisch in Fallbeispiele oder als typische Szenarien beruflicher Alltagszwickmühlen verpackt werden und als „Empathie-Einsteiger" die gedankliche Auseinandersetzung und Diskussion über Regeln triggern. Wichtig ist aber auch, dass nach der *Inszenierung von typischen Selbstbetrugsstrategien* ein klarer Realitätscheck folgt, der die Sicherungsstrategien des Unternehmens und die Mechanismen eines Compliance-Managements-Systems hervorhebt, die auf diese gängigen Varianten des Selbstbetrugs eingestellt sind bzw. dazu da sind, diese auszuhebeln.

Im idealen Fall zeigt sich so ein Unternehmen als kompetent dafür, Menschen vor den eigenen Shortcomings zu schützen. Für die Verführung des Regelverzichts oder -bruchs gilt es zu sensibilisieren, wie das *Beispiel des sogenannten „Briefmarkentests"* zeigt, von dem der Autor Frank Bachner (2016, S. 9) in seinem Beitrag „In der Funkzelle" berichtet: Tatsache ist nach Bachner, dass 2015 in der Justizvollzugsanstalt Berlin Tegel 335 Handys bei ca. 800 Insassen gefunden wurden, obwohl sie verboten sind. Es heißt, Beamte verkauften diese Geräte an Häftlinge. Eigentlich kaum vorstellbar, aber dennoch wahr. Verständlich wird diese Tatsache durch die Geschichte mit der Briefmarke, die ein erster Test ist, der bei Gelingen dann aber dazu führt, dass der Justizvollzugsbeamte einen Schritt zur Regelabweichung geht, der Häftling hingegen seinem begehrten Handy einen Schritt näher kommt.

Bei diesem Test berichtet der Inhaftierte dem Vollzugsbeamten, dass er einen wichtigen Brief an seine Ehefrau geschrieben, aber leider keine Marke für den Versand zur Hand hat. Er fragt den Beamten, ob dieser ihm vielleicht eine Marke besorgen könne und rechtfertigt diese Bitte mit dem Hinweis, dass das ja keinen großen Aufwand darstelle. Eine kleine Gefälligkeit, mehr nicht. Oder der Häftling bittet den Justizvollzugsbeamten, den unfrankierten Brief einfach auf dem Nachhauseweg nach seinem Dienst bei der Frau des Häftlings einzuwerfen. Das Haus liege doch auf dessen Heimweg nach Wissen des Häftlings. Wenn der Beamte nachgibt, ist dem Inhaftierten klar, dass dieser es mit den Vorschriften nicht so genau nimmt. Denn es ist Beamten in der Justizvollzugsanstalt jede Geschäftsbeziehung zu Gefangenen untersagt. Es ist auch verboten, einem Inhaftierten irgendeinen Gefallen zu tun. Nach einem ersten Testversuch steigern sich in der Regel die Wünsche des Verführers. Nun, da der Beamte sich durch eine kleine Regelverletzung erpressbar gemacht hat, hat er seine Souveränität verloren. Später verlangt der Mitwisser der Regelüberschreitung mehr, selbstverständlich gegen Geld. Auf diese Weise kommen Inhaftierte in Justizvollzugsanstalten zu „Briefmarken", zu Handys und zu Drogen.

Beispiele dieser Art sind austauschbar. Die Briefmarke steht für die kleine Regelabweichung, die eine größere in der Regel wahrscheinlicher macht. Die sogenannte *„Foot-in-the-door-Technik"*, die dissonanztheoretisch gut nachvollziehbar ist, wird gerne angewendet, um Menschen dazu zu bringen, etwas zu tun, was sie eigentlich nicht wollen. Dieser Form der Verführung sind Menschen häufig in den unterschiedlichsten Kontexten ausgesetzt. Eine Sensibilisierung anhand eines einfachen Beispiels aus dem beruflichen Kontext kann sie davor bewahren, selber in die Falle zu tappen. Für Compliance-Pädagogen ist das eines ihrer Spezialgebiete. Solche Fallen müssen Mitarbeitern bekannt sein, damit sie nicht hineingeraten und Regelabweichungen jedweden Ausmaßes produzieren. Die *Sensibilisierung für die Foot-in-the-door-Taktik* ist also eine weitere Möglichkeit, die kognitive Dissonanztheorie für Compliance-Kommunikation zu nutzen.

Von einer weiteren Nutzungsvariante war weiter oben schon einmal die Rede: Der Titel der Audi Compliance-Kampagne aus dem Jahr 2012, *„Protect what you love"*, kann als eine *Aufforderung zur kognitiven Dissonanzreduktion* verstanden werden. Wer diese Dissonanz abbauen will, muss sich gedanklich der Akzeptanz von Compliance-Regeln zuwenden bzw. auf compliantes Verhalten bei sich und anderen achten. Die Belohnung dafür ist, dass der evozierte unangenehme kognitive Zustand abgebaut wird. Das Konzept der kognitiven Dissonanz kann in der Compliance-Kommunikation also gezielt eingesetzt werden, um moralische Dilemmata oder „Störgefühle" zu erzeugen, für die ein Compliance-System mit klaren, alltagstauglichen Regeln und Verfahrensweisen Entlastung in Aussicht stellt.

Ein weiteres Beispiel aus der Compliance-Kommunikation kann die Nutzung des Phänomens der kognitiven Dissonanz als Leitgedanken der Inszenierung einer Kampagne gut illustrieren. Es handelt sich dabei um die Kommunikationsinitiative für Integrität und regelkonformes Verhalten der *Bayer AG,* die seit 2008 von der Agentur SpiessConsult entwickelt und im Laufe der letzten Jahre systematisch ausgebaut wurde (SpiessConsult 2013, 2016). Um Corporate Compliance als relevantes und aktuelles Thema bei Mitarbeitern zu positionieren, hat die Kampagne in Filmen, auf Plakaten, für Führungskräftepräsentationen und viele andere Kommunikationsaktivitäten typische Konfliktsituationen aufgegriffen und diese in Form innerer Dialoge eines Alter Egos inszeniert, die dissonante Kognitionen repräsentieren. Der Abbau der Dissonanz wird in dieser Kampagne

immer über das Compliance-Management-System und seine Repräsentanten rea-
lisiert. Als Kampagnentitel für integres Verhalten im Bayer-Konzern wurde die
Wort-Bild-Marke „*Compliance W.I.N.S.*"- „Worldwide *I*ntegrity is *N*ecessary for
*S*uccess." kreiiert, der Kampagnenslogan lautete „Together we comply". Im Sinne
eines *intendierten Evozierens von kognitiver Dissonanz* konnten alltagsrelevante
Dilemmata von Mitarbeitern angesprochen und zugleich abgebaut werden. Die
dargestellten Szenen aus unterschiedlichen Bereichen des Mitarbeiteralltags von
Bayer Angehörigen boten angemessene Möglichkeiten, sich mit der dargestellten
Person und den inneren Widersprüchen seines Alter Egos zu identifizieren.

Compliance und soziale Vergleiche

7

7.1 Grundzüge der Theorie sozialer Vergleiche

Nicht nur die Bayer AG oder die Deutsche Bahn AG, auch andere Kommunikatoren setzen auf den Einsatz von Mitarbeitern in Compliance-Kampagnen, mit denen sich Identifikationsmöglichkeiten eröffnen, die über soziale Vergleiche realisiert werden sollen. Auch Personen außerhalb des Unternehmens oder fiktive Personen übernehmen in der Compliance-Kommunikation Meinungsbildner-Funktionen. Daher stellen sich aus der Perspektive der Persuasionsforschung und insbesondere im Rahmen der Theorie sozialer Vergleiche folgende Fragen:

- Welche Rolle spielen Vorbilder dafür, dass sich Menschen regelkonform verhalten?
- Wie ist hier zu unterscheiden zwischen positiven und negativen Vorbildern?

Die *Persuasionsforschung* hat eine ganze Reihe von sogenannten *Kommunikatorvariablen* analysiert, die einen Einfluss darauf haben, ob eine Person eine starke meinungsbildende Funktion ausüben und in der Überzeugungsarbeit sinnvoll eingesetzt werden kann. Als Determinanten der Persuasionswirkung haben sich dabei u. a. folgende Merkmale als relevant heraus kristallisiert (Becker et al. 2007, S. 69 ff.; Werth und Mayer 2008, S. 239 ff.; Werth 2010, S. 111 ff.):

- *Glaubwürdigkeit:* Ein glaubwürdiger Kommunikator erweist sich als persuasiver als ein wenig glaubwürdiger. Die Einschätzung von Glaubwürdigkeit einer Person hängt davon ab, ob sie Kompetenz aufweist oder zumindest den Anschein erweckt, eine Expertise zu haben. Auch Prominente als Modelle in der Kommunikation können einen großen Einfluss auf die Glaubwürdigkeit der Botschaften haben.

© Springer Fachmedien Wiesbaden GmbH 2018
S. Femers-Koch, *Compliance-Kommunikation aus wirtschaftspsychologischer Sicht*, essentials, https://doi.org/10.1007/978-3-658-19810-7_7

- *Attraktivität:* Physisch attraktive Menschen haben eine größere Überzeugungs-
  kraft als weniger attraktive Personen. Das hängt damit zusammen, dass ihnen
  andere positive Merkmale wie Ehrlichkeit, Intelligenz, Kompetenz und Bega-
  bung zugeschrieben werden. Attraktivität hat so etwas wie eine Signalfunktion
  für die Beurteilung anderer Merkmale. Aus der Forschung zum Modell-Lernen
  ist auch hervorgegangen, dass besonders solche Modellpersonen nachgeahmt
  werden, die attraktiv sind.
- *Sympathie:* Attraktivität eines Kommunikators und wahrgenommene Ähnlichkeit zum Empfänger einer Botschaft bewirken, dass eine Person bzw. ein Kommunikator als sympathisch erachtet wird und eine starke persuasive Wirkung
  entfalten kann. Dabei spielen folgende Arten von Ähnlichkeit eine persuasive
  Rolle: Alter, Geschlecht, Beruf, Kleidung, Charaktereigenschaften, Herkunft,
  Lebensstil, Religion, Nähe (im regionalen und sozialen Sinne), berufliche
  Wertvorstellungen, Gewohnheiten, Einstellungen oder bestimmte Konsumge-
  wohnheiten. Ist eine Person einer anderen ähnlich, wird sie weniger infrage
  gestellt. Man übernimmt ihre Einstellungen eher als die einer unähnlichen Person („similar-to-me"-Effekt). Außer der empfundenen Ähnlichkeit ist für das
  Sympathieurteil auch wichtig, wie oft wir eine Person sehen. Kontakthäufigkeit
  alleine hat bereits eine persuasive Wirkung auf der Grundlage der Sympathie.
- *Paraverbale Merkmale:* Die Stimme und die Art und Weise, in der jemand
  spricht, hat sich als wichtig für die Persuasionswirkung erwiesen. Eine tiefe
  Stimme vermittelt Souveränität. Mit einem hohen Sprechtempo werden Kompetenz, Intelligenz und Glaubwürdigkeit assoziiert.

Solche persuasiven Faktoren sollten beachtet werden, wenn eine Person für einen
sozialen Vergleich in einer Kommunikationskampagne ausgewählt wird. Unabhängig vom Kommunikator sind aber auch die grundlegenden Prinzipien sozialer Vergleiche zu reflektieren, um Kommunikationsinhalte persuasiv zu gestalten.
Soziale Vergleiche sind fundamental für Informationsverarbeitungsprozesse und
Persuasion, sie treten ubiquitär auf und erweisen sich als recht robust (Corcoran
et al. 2011, S. 119 ff.). Aus der Persuasionsforschung weiß man (Mussweiler
2006, S. 103 ff.; Fischer und Wiswede 2009, S. 171 ff.; Femers 2015, S. 72 f.;
Raab et al. 2016, S. 35 ff.), dass z. B. die Konfrontation einer Person mit einer
anderen Person, die eine zu einem wichtigen Thema von der eigenen Einstellung
abweichende Meinung äußert, kognitive Veränderungsprozesse auslösen kann.

Die Persuasionswirkung kommt aufgrund der wünschbaren Ähnlichkeit zwischen den beiden Personen zustande, weil der Rezipient sich im sozialen Vergleich dem Kommunikator gerne annähern würde und dies durch Reduktion der
Meinungsabweichung zwischen ihm und sich nachvollzieht: „Der Druck, die

Diskrepanz zwischen der eigenen Meinung oder Einstellung und der des sozialen Vergleichspartners zu reduzieren, ist nach den Erkenntnissen der Theorie sozialer Vergleichsprozesse umso größer, je höher die Relevanz der infrage stehenden Meinung ist bzw. je mehr sie auch das Selbstbild der Person tangiert" (Femers 2015, S. 72). Dieser *Prozess „sozialer Validierung"* ist im Hinblick auf den Vergleich von ganz spezifischen Selbst-Aspekten wie z. B. Hilfsbereitschaft, Großzügigkeit, soziales Engagement, Toleranz etc. für Kommunikationskampagnen interessant. Der Einsatz von Prominenten beispielsweise ermöglicht positive soziale Vergleichsprozesse in Bezug auf soziale Verantwortungsübernahme und prosoziales Verhalten.

Ob der soziale Vergleich tatsächlich diese sozial beeinflussende Wirkung hat, hängt auch von den weiter oben als persuasiv entscheidenden Kommunikator-Variablen ab (Glaubwürdigkeit, Attraktivität, Sympathie etc.). Verstärkt werden kann die kommunikative Wirkung über den sozialen Vergleichsprozess durch sozial wahrnehmbare Bestätigungen: z. B. wenn der Informationsrezipient durch Handeln (wenn auch nur symbolisches wie bei der Spende) die positive Vergleichsbilanz unterstreichen und nach außen für andere sichtbar deutlich machen kann (z. B. durch das Tragen von Stickern, Abzeichen, bestimmten Kleidungsstücken oder korrespondierenden, gut identifizierbaren Accessoires (Femers 2015, S. 73)).

In der gerade geschilderten sozialen Konstellation ist davon auszugehen, dass der im Persuasionsversuch nahegelegte Vergleich ein sogenannter Aufwärtsvergleich ist. Soziale Vergleiche können aber auch anderen Richtungen folgen und andere Wirkungen anzielen. Die Theorie sozialer Vergleiche, die ursprünglich auf den Sozialpsychologen Festinger (1954) zurückgeht, stellt dazu drei Leitfragen, um die Wirkung sozialer Vergleiche zu erfassen (Corcoran et al. 2011, S. 121 f.):

- Warum vergleichen sich Personen mit anderen?
- Mit wem vergleicht man sich?
- Wie wird man durch Vergleiche beeinflusst?

Soziale Vergleichsmaßstäbe werden insbesondere dann gesucht, wenn objektive Maßstäbe oder Standards für eine Selbsteinschätzung fehlen (Werth 2010, S. 246). Soziale Vergleiche fungieren dann als Maßstabsersatz. Insgesamt werden drei grundlegende Motive für soziale Vergleiche unterschieden (Corcoran et al. 2011, S. 121 f.):

- *„Self-evaluation"*: Menschen wird ein grundlegendes Bedürfnis unterstellt, sich selbst zu kennen und ein stabiles und angemessenes Bild von sich selber zu haben. Als Konsequenz suchen sie nach informativem Feedback über

Eigenschaften, Anschauungen, Fähigkeiten und relativen Erfolgsaussichten von Handlungen.

- *„Self-enhancement"*: Das zweite Motiv besteht im Bestreben, ein positives Selbstbild aufzubauen, wofür sich soziale Abwärtsvergleiche als relevant erweisen. Werth (2010, S. 246) zitiert dazu ein englisches Sprichwort, das diese Motivation verdeutlicht: „Apperantly, it's better to be a big fish in a small pond than a small fish in a big pond".

- *„Self-improvement"*: Das dritte Bedürfnis, das die Theorie sozialer Vergleiche zugrunde legt, ist das Verlangen, sich selbst zu entwickeln und zu verbessern. Hierfür werden Aufwärtsvergleiche vorgenommen, um Hinweise über Fortschrittsmöglichkeiten zu erlangen. Allerdings sind aufwärtsgerichtete Vergleiche nur motivierend, wenn ein Vergleichsstandard auch grundsätzlich erreichbar ist (Werth 2010, S. 246).

Die Antwort auf die zweite Leitfrage der Theorie sozialer Vergleiche (Mit wem vergleicht man sich?), liegt häufig in lateralen bzw. horizontalen Vergleichen. Um ein angemessenes Bild von sich zu bekommen, vergleicht man sich eher im Hinblick auf ähnliche als auf unähnliche Attribute. Die Selbstbestätigung oder Selbstaufwertung sucht man hingegen in sozialen Abwärtsvergleichen. Für die Selbstentwicklung oder Selbstverbesserung sind in der Regel Aufwärtsvergleiche zielführend, denn sie motivieren und sind hilfreich für die eigene Entwicklung (Corcoran et al. 2011, S. 123 f.).

Die Frage, wie man durch soziale Vergleiche tatsächlich beeinflusst wird, ist nicht pauschal zu beantworten. Es steht zwar die Beeinflussung durch soziale Vergleiche außer Frage, aber die Richtung der Beeinflussung ist nicht leicht vorherzusagen. Zwei Effekte sind theoretisch möglich und empirisch gut untersucht, der Kontrasteffekt und der Assimilationseffekt (Corcoran et al. 2011, S. 127 f.). Der *Kontrasteffekt* besagt: „If a social comparison involves a focus on the ways in which self and standard are different, then the accessibility of standard-inconsistent self knowledge is increased so that self evaluation are contrasted from the standard" (Corcoran et al. 2011, S. 132).

Um solche Kontrasteffekte gegebenenfalls zu vermeiden, sollte die Distanz zwischen dem sozialen Modell einer Kommunikationskampagne und der Zielgruppe mit Blick auf ein spezifisches Vergleichskriterium nicht zu groß sein. Anders gesagt: Es sollten machbare soziale Vergleiche angeboten werden, ansonsten verfehlt die Kommunikation ihr Ziel, z. B. die Angleichung einer bestimmten Einstellung oder die Anpassung des Verhaltens an eine bestimmte Norm. Der *Assimilationseffekt* sozialer Validierung besagt: „If a social comparison involves a focus on the ways in which self and standard are similar, then the accessibility of standard-consistent self knowledge is increased so that self evaluation are assimilated toward the standard" (Corcoran et al. 2011, S. 132). In vielen Fällen dürfte es eine empirische Herausforderung in der Praxis der Kommunikationsgestaltung sein, das „richtige" angezielte Niveau zu treffen, um einen für eine Zielgruppe und ein gestecktes Ziel sinnvollen Vergleich mit einem Modell oder Vorbild zu inszenieren.

Zu berücksichtigen sind im Übrigen auch negative Standards bzw. negative Bezugsgruppen für Vergleiche. Darunter versteht man Gruppen für den sozialen Vergleich, die bezüglich eines bestimmten Standards, einer Leistung, einer Einstellung oder eines Verhaltens, abgelehnt werden. Diese können genauso wie positive Bezugsgruppen oder Personen eine Normsetzung repräsentieren – nur in umgekehrter Richtung (Raab et al. 2016, S. 37). Fungiert eine Bezugsgruppe als negativer Vergleichspunkt, wird man sofern das möglich ist, die Gruppe meiden oder sich distanzieren. Dies ist allerdings nicht immer möglich, beispielsweise in einem Team in einem beruflichen Kontext. In diesem Fall ist damit zu rechnen, dass sich Prozesse kognitiver Dissonanzreduktion zeigen und gegebenenfalls Konformitätsdruck aufkommt, auf den weiter unten noch genauer eingegangen wird.

7.2 Konsequenzen für die Compliance-Kommunikation

Soziale Vergleiche sind in der Unternehmenskommunikation insgesamt äußerst beliebt. Nicht immer ist ihr Einsatz sozialpsychologisch nachvollziehbar und strategisch sinnvoll geplant. Vor dem Einsatz in der Compliance-Kommunikation sollten folgende Fragen geklärt werden:

- Welche Charakteristika hat meine Zielgruppe?
- Welchem Zweck soll der Einsatz eines sozialen Vergleichs genau dienen?
- Soll ein Aufwärts- oder ein Abwärtsvergleich angeboten werden?
- Wird ein positives oder ein negatives Vorbild eingesetzt?
- Welcher Typ von Vergleichsstandard käme vor diesem Hintergrund infrage?
- Welche Kommunikator-Merkmale können mit einem ausgewählten Standard realisiert werden?
- Wie sind die Diskrepanzen zwischen Standard und Zielgruppe einzuschätzen?
- Kann eher mit Assimilations- oder eher mit Kontrasteffekten gerechnet werden?
- Können mögliche Effekte durch einen Pre-Test besser als intuitiv eingeschätzt werden?

- Wie kann man den sozialen Vergleich als „Herzstück" eines Persuasionsversuches inszenieren? Oder:
- Mit welchen Kommunikationsmaßnahmen kann der soziale Vergleich offeriert werden?

Orientierungswissen zu diesen Fragen bieten nicht nur die weiter oben vorgestellten psychologischen Grundsätze sozialer Vergleiche, sondern auch ihre Anwendung in der Praxis der Compliance-Kommunikation. *Negative Vorbilder,* die Compliance-Verstöße zeigen, als *Abwärtsvergleiche* sind in der Praxis durchaus, z. B. in Form von Fallgeschichten in Schulungsmaterialien, zu finden. Sie sind allerdings insofern kritisch, als dass die Identifikation mit einem Vergleichsstandard, der negativ besetzt ist, aversive Effekte haben kann. Auch sprechen die Grundsätze der sozialen Erwünschtheit dagegen, sich (schulungs)öffentlich mit einem Negativvorbild non-complianten Verhaltens zu identifizieren oder zumindest vorzugeben, dass Vorbild sei relevant bzw. identifikationstauglich. Diese Form des Involvements ist psychologisch betrachtet eher schwierig für Schulungsteilnehmer, weil es kognitive Dissonanzen auslöst. Anzunehmen ist vielmehr, dass reale Negativvorbilder eher informell wirken. Damit sind solche Personen gemeint, die im Unternehmen non-compliantes Verhalten zeigen, und damit weiterkommen. Aber diese soziale Vergleichssetzung dürfte eher „stillschweigend" ihre Wirkung entfalten.

Soziale Vergleichsstandards für *laterale und Aufwärtsvergleiche* werden von verschiedenen Unternehmen in der Compliance-Kommunikation eingesetzt und sollen nachfolgend anhand einiger Beispiele illustriert werden. Zunächst soll es um den *lateralen Vergleich mit dem Ziel der Orientierung und Selbstevaluierung* gehen. Dafür lassen sich zwei Varianten in der Praxis der Compliance-Kommunikation ausmachen:

- der soziale *Vergleich mit einer realen Person,* aus Gründen der Authentizität und Glaubwürdigkeit mit einer Unternehmensvertreterin oder einem Unternehmensvertreter realisiert, oder
- der soziale *Vergleich mit einer stilisierten, künstlichen Person,* deren äußere Merkmale aber grundsätzlich auch zur Mitarbeitergruppe gehören, für die der Vergleich angestellt wurde.

In der weiter oben bereits angesprochenen Compliance-Kampagne der *Deutschen Bahn („Wissen, was unsere Werte schützt", 2012–2015)* wurde in der Mitarbeiterkommunikation die erste Vergleichsvariante umgesetzt. Drei Mitarbeiter des Konzerns appellierten auf Plakaten und in Spots dafür, Werte, die im

Privatleben eine wichtige Rolle spielen, in der Familie, unter Freunden oder beim Sport, mit gleich großer Wichtigkeit und Selbstverständlichkeit auch im Unternehmen zu leben (Deutsche Bahn AG 2012). In der Kommunikationsinitiative für Integrität und regelkonformes Verhalten der *Bayer AG (2012–2015)* setzte man ebenfalls auf den lateralen Vergleich: Um Corporate Compliance als relevantes Thema für Mitarbeiter zu positionieren, bereitete die Kampagne *„Compliance W.I.N.S."* typische Konfliktsituationen als Dialog auf, in dem sich Lösungswege im Gespräch mit der Kollegin/dem Kollegen für den Betrachter von Plakaten und Spots ergaben, die den „richtigen" Weg im Zweifelsfall zur Orientierung boten. Der Kampagnenslogan *„Together we comply"* unterstützte zusätzlich die Idee der sozialen Validierung durch den Vergleich (SpiessConsult 2016).

Der soziale Vergleich mit einer stilisierten, künstlichen Person wurde von der *Metro AG (2016)* gewählt: Passend zum Compliance-Motto *„einfach richtig/simply right"* (Schautes und Kunath 2011, o. S.; Schach und Christoph 2015, S. 19) setzte man auch bei den Kommunikationsmitteln bewusst auf Einfachheit und Verständlichkeit im internationalen Konzern und zwar mit dem Medium Comic. Die Doppeldeutigkeit des Kampagnenmottos „Wir machen es Euch einfach, richtig zu handeln." (Unterstützung) und „Es ist einfach richtig, regelkonform zu handeln." (Selbstevaluierung) konnte in den Bildergeschichten gut nachvollzogen werden. Die zentralen Compliance-Regeln (z. B. „Wir trennen strikt persönliche Interessen von denen des Unternehmens.", „Wir bieten niemandem einen ungerechtfertigten Vorteil." oder „Wir nutzen unsere Stellung nicht zu persönlichen Vorteilen aus.") wurden in konkreten Alltagssettings, die typische Arbeitssituationen darstellten, inszeniert. Die Sprechblasen und ihre Dialogbausteine stellten jeweils spezielle Ausformulierungen der allgemeinen Compliance-Regeln dar.

In der Vergleichsvariante *„Aufwärtsvergleich"* zeigt die Praxis der Compliance-Kommunikation den variantenreichen Einsatz von Vorbildern auf. Diese können *Vorgesetzte, Schauspieler, Supermänner und internationale Sportidole* sein. Prominente Testimonials erfreuen sich in der Unternehmenskommunikation insgesamt äußerster Beliebtheit, doch ihr Einsatz muss sozialpsychologisch betrachtet nicht zwingend Sinn machen – es sei denn, der Einsatz ist strategisch gut abgesichert gewählt. Die *Volkswagen AG* setzte 2012 in der internen Kommunikation in Sachen Compliance auf ihren Markenbotschafter, den *Schauspieler* Christian Ulmen, der als Identifikationsfigur für „den" VW-Mitarbeiter diente. Er sollte der Compliance-Kommunikation intern „ein Gesicht geben" und so die Kampagne *„Volkswagen. Compliance serienmäßig."* unterstützen. Außerdem arbeitete das Unternehmen u. a. mit einem *Superhelden-Comic-Film,* um Mitarbeiter für die Gefahren der Korruption zu sensibilisieren (Volkswagen AG 2012, o. S.). Vor dem „Diesel-Gate" war so etwas noch möglich. Der selbstironische Film mit dem

Superhelden, der es etwas zu genau nimmt mit der Regelkonformität, hinterließ nach den Vorwürfen der Abgasmanipulation natürlich „verbrannte Erde".

Eine recht außergewöhnliche Variante des sozialen Vergleichs hat die *Audi AG* in ihrer *internen Compliance-Kampagne „Ideale"* 2015 realisiert, die von der Agentur Strichpunkt-Design, Stuttgart/Berlin, konzipiert und umgesetzt wurde (Audi AG 2015a, b; Jäckel 2015, o. S.). Im Rahmen einer Roadshow an den Audi Standorten Deutschland, Belgien und Ungarn hatten Audi-Mitarbeiter nach Agenturangaben die besondere Gelegenheit, mit *erfolgreichen und populären Rennfahrern,* die für den großen Erfolg von Audi Sport bei internationalen Autorennen stehen, bei Autogrammstunden persönlich in Kontakt zu treten. Die damit realisierte Nähe zu den Idolfiguren des Rennsports sollte die Identifikation mit Compliance-affinen Meinungsbildnern stützen. Denn die Rennfahrer stellten in Persona den Brückenschlag zum Eigenverständnis der Audi Compliance dar und repräsentierten die sechs Werte Teamgeist, Verantwortung, Respekt, Vertrauen, Aufrichtigkeit und Fairness. Durch persönliche Zitate und Portraits der Champions sowie Fotos von Rennsportszenen wurde nachvollziehbar kommuniziert, dass Regeln und Werte für den Erfolg im Motorsport entscheidend sind und dass dies in Parallele für jeden in der „Audi-Community" gilt. Erfolg ist nicht (mehr) allein durch Umsatz und Gewinn zu erzielen, sondern nur, wenn werteorientiertes Handeln bei jedem gilt – so der Tenor.

Auf diesem Wege sollte die Voraussetzung dafür geschaffen werden, dass die Haltung der Champions zum Vorbild für Jedermann werden konnte. Die korrespondierenden Botschaften wurden nicht nur in der Imagebroschüre vermittelt, sondern auch über die direkte Kommunikation bei den Info- und Beratungsständen im Rahmen der Roadshow von Governance, Risk & Compliance der Audi AG. Ein emotionaler Imagefilm, der die Compliance-Werte vermittelte, vertiefte die Thematik. Außerdem wurden einige „Testimonial-Filme" eingesetzt, die jeweils einen Wert fokussierten, der mit einem der Rennfahrer korrespondierte. Die Kampagne stützen nach Angaben der Agentur Strichpunkt-Design weitere fachbezogene Medien (u. a. Themenbroschüren, Erklär-Filme, Newsletter, einen angepassten Auftritt im Intranet).

Das Konzept der Kampagne erläutert die verantwortliche Agentur selbst wie folgt:

> Regeln und Vorschriften sind langweilig. Es sei denn, sie werden so spannend erzählt wie eine gute Geschichte. Für die AUDI AG hat Strichpunkt die Compliance-Kommunikation zur Heldengeschichte gemacht – und damit nicht nur die Köpfe, sondern auch die Herzen der Mitarbeiterinnen und Mitarbeiter erreicht. Denn dort, wo für Audi echte Helden arbeiten, dort, wo Audi besonders erfolgreich

ist, sind Teamgeist, klare Regeln und Verantwortung füreinander völlig selbstverständlich: auf der Rennstrecke. Prominente Rennfahrer stellen in Kurzfilmen, Print- und Onlinemedien sowie auf Events die Compliance-Philosophie von Audi anhand ihrer eigenen Verhaltensweisen vor und vermitteln die Botschaft: Ein Rennen kann nur gemeinsam gewonnen werden (Strichpunkt-Design 2016a, o. S.).

Erwähnenswert ist bei diesem Fallbeispiel auch noch, dass die Umsetzung sehr wertig anmutete wie die erwähnte Imagebroschüre, aber auch das Audi Compliance-Magazin als Bestandteil der Kampagne zeigten; letzteres wurde 2016 mit dem if-design-award ausgezeichnet (Strichpunkt-Design 2016b, o. S.).

Soziale Vergleiche, die einer Zielgruppe in der Kommunikation angeboten werden, müssen – „wie der Köder dem Fisch" – der Zielgruppe „schmecken", sonst können sie angestrebte Kommunikationsziele nicht unterstützen. Zu fragen ist daher, ob die Zielgruppe im Fall der internen Kampagne der Audi AG Motorsport-affin ist oder vielleicht auch in Teilen Rennsport-avers. Man könnte auch kritisch reflektieren, ob männliche Helden aus dem Motorsport in gleicher Weise Männern wie Frauen als angemessener Standard für den sozialen Aufwärtsvergleich dienen können. Bei der Audi AG selbst ist man bezüglich der Zielgruppenpassung jedenfalls überzeugt vom eigenen Vorgehen, denn Dietmar Will (zitiert nach Jäckel 2015, o. S.) von der Audi AG erklärte: „Bei der neuen Kommunikationskampagne haben wir berücksichtigt, dass der Motorsport eine hohe emotionale Bedeutung für die Audi Belegschaft hat".

Näher differenziert wird die angesprochene Emotionalität allerdings in dieser Evaluation nicht. Grundsätzlich ist bei sozialen Aufwärtsvergleichen immer zu fragen, ob die Helden, Idole, Supermänner, Champions & Co wirklich den „Normalmenschen" in der jeweiligen Zielgruppe motivieren können, selbst compliantes Verhalten zu zeigen. Sie können das ja nur, wenn die angebotenen Vergleichsstandards grundsätzlich erreichbar sind. Ansonsten sind wie bereits erwähnt Kontrasteffekte zu befürchten. Entsprechende Evaluationsdaten liegen allerdings im Fall der Audi AG wie auch der anderen angesprochenen Beispielfälle nicht vor bzw. sind zumindest nicht veröffentlicht. Die Kampagne der Audi AG kann auf jeden Fall als ausgesprochen interessanter Fall von Compliance-Kommunikation gelten, allein schon deshalb, weil der Ansatz – vielleicht für viele überraschend – Heldengeschichten mit dem Thema Compliance verbindet.

Compliance und Konformität

8

8.1 Grundzüge der Theorie sozialer Konformität

Menschen sind soziale Wesen. Ihr Verhalten findet in sozialen Kontexten statt. Diese sozialen Kontexte bestimmen mit darüber, welches Verhalten eine Person zeigt oder welcher Meinung sie sich anschließt bzw. welcher Meinung oder Einstellung sie sich tatsächlich verpflichtet fühlt – egal was sie öffentlich bekundet oder stillschweigend „abnickt". Für das Compliance-Management ergeben sich daraus folgend die Fragen:

- Welche sozialen Einflüsse spielen eine Rolle, um Regeltreue oder Regelbruch nachvollziehbar zu machen?
- Wie entsteht Compliance oder Non-Compliance in Gruppen oder Teams?

Aufschlussreiche Antworten hierzu finden sich in *Ansätzen zur Konformität*, die die Sozial- und Wirtschaftspsychologie bieten. Unter Konformität versteht man die „Veränderung des Verhaltens infolge des Einflusses einer Mehrheit" (Hewstone und Martin 2007, S. 374). Traditionell wurden in der Sozialpsychologie immer schon Gruppen intensiv untersucht. Als eine *„Gruppe"* versteht man dort ein soziales Gebilde aus drei und mehr Personen, die es auszeichnet, „dass ihre Mitglieder über eine gewisse Zeit hinweg miteinander interagieren (d. h. einander dabei bewusst wahrnehmen und untereinander kommunizieren), dass sie gemeinsame Ziele und Interessen haben (wie z. B. ein Projekt abzuarbeiten, eine Prüfung zu bestehen oder aber einen Chef zu sabotieren) sowie dass die Mitarbeiter sich selbst als Gruppe wahrnehmen (Wir Gefühl) und auch von anderen als solche wahrgenommen werden" (Werth 2010, S. 254).

© Springer Fachmedien Wiesbaden GmbH 2018
S. Femers-Koch, *Compliance-Kommunikation aus wirtschaftspsychologischer Sicht*, essentials, https://doi.org/10.1007/978-3-658-19810-7_8

Jede Gruppe hat ihre Werte und Normen, die das Verhalten der Mitglieder bestimmen. Diese Determinierung durch die Gruppe nimmt mit steigender Identifizierung der Mitglieder mit dieser Gruppe zu. Unter *Normen* fasst die Sozialpsychologie ein wichtiges Konzept für den Zusammenhalt einer Gruppe. Sie werden als „Überzeugungssysteme" aufgefasst, die den Mitgliedern zeigen, wie man sich verhalten bzw. nicht verhalten soll. Nach Hewstone und Martin (2007, S. 364) haben sie zwar nicht die Macht, die man Gesetzen zuspricht, aber: „Sie sind Ausdruck der gemeinsamen Erwartungen von Gruppenmitgliedern zu typischen oder erwünschten Aktivitäten."

Die psychologische Fassung der Einflussgröße „Gruppe" stimmt nur bedingt mit dem überein, was man in einer Organisation mit den Bezeichnungen „Abteilung", „Gruppe" oder „Team" fasst. Diese Einheiten von Leistungserbringern sind eher Resultat organisatorischer Regelungen oder strategischer Entscheidungen zur Kooperation bezogen auf Leistungserstellungsprozesse. Während *Gruppen im sozialpsychologischen Sinne* sich spontan, unabhängig und informell – auch über Abteilungsgrenzen hinweg – bilden können, sind Teams und anders bezeichnete Organisationseinheiten formal, fremdbestimmt in ihrem Entstehen und unterliegen externer Kontrolle oder Supervision. Sehr häufig findet man in Unternehmenskontexten positive Konnotationen von Gruppen und Teams, die mit den hier betrachteten Gruppenprozessen nur bedingt kompatibel sind: So ist sehr häufig von den *positiven Eigenschaften von Teams* die Rede bzw. werden „Merkmale erfolgreicher Teams" strapaziert:

- „Kooperationsfähigkeit seiner Mitglieder,
- Gemeinschaftsdenken und gegenseitige Förderung und Unterstützung,
- gemeinsame Zielvorstellungen,
- Austausch aller relevanten Informationen (Keine Geheimnisse, keine Einstellung 'Wissen ist Macht'),
- Freude an der Arbeit,
- Rücksichtnahme und Hilfsbereitschaft" (Franken 2010, S. 182).

Wenn hier im Folgenden der Terminus „Gruppe" gebraucht wird, zeigt dieser an, dass es um die Möglichkeiten und Grenzen sozialer Einflussnahme geht, die die Sozialpsychologie ohne den Blick auf die Wirtschaftlichkeit von Teams im Unternehmen pflegt. Für die Compliance-Kommunikation ist dieser vom Unternehmenskontext eher unabhängige Blick aber insofern gewinnbringend, als dass er die Regeln sozialer Meinungsbildung verdeutlicht, die Compliance Officer und Trainer kennen bzw. in ihr pädagogisches Konzept einbeziehen sollten, um erfolgreich zu sein bzw. informelle Einflussgrößen von Gruppen als „typisch menschlich" in ihr Wirkungskalkül einzubeziehen.

Dass eine Gruppe Regeln hat, ist für ihr Bestehen und die Qualität ihres Zusammenhalts ganz entscheidend. Neben Organisationsregeln entstehen in Gruppen durch soziale Interaktion gruppeneigene Normen: „Diese Gruppennormen sind implizite (also nicht konkret in Worte gefasste) oder explizite Erwartungen, die von der gesamten Gruppe geteilt werden und im Sinne von 'Spielregeln' steuern, wie die Mitglieder der Gruppe miteinander interagieren und sich verhalten" (Aehling et al. 2012, S. 92). Diese Normen beziehen sich z. B. darauf, wie gearbeitet wird, wie man miteinander umgeht oder wie Ressourcen in der Gruppe verteilt werden. Je konformer die Gruppenmitglieder sich den Gruppennormen gegenüber verhalten, desto größer ist die *Köhäsion, d. h.* der Zusammenhalt der Gruppe. Für die Compliance im Unternehmen bedeutet das, dass in erster Linie festzustellen ist, ob Compliance-Regeln der Organisation und implizite Gruppenregeln konsonant oder dissonant sind.

Die Sozialpsychologie beschäftigt sich im Rahmen der Konformitätsforschung mit der Frage, welchen Einfluss *Mehrheiten und Minderheiten* haben. Unter Konformität versteht man auch das Ausmaß der Übereinstimmung eigener Einstellungen und eigenen Verhaltens mit den Meinungen und Verhaltensweisen der jeweiligen Bezugsgruppe. In diesem Zusammenhang ist auch von *Konformitätsdruck* oder sozialer Erwünschtheit die Rede: Menschen empfinden sozialen Druck, sich einer Mehrheitsmeinung in einer Gruppe anzuschließen – sogar auch dann, wenn sie eigentlich zu einer anderen Überzeugung tendieren. Wie dieser Druck zustande kommt, und unter welchen Bedingungen Mehrheiten einflussreich sind und in welchen Kontexten Minderheiten – der Einzelne oder Teile der Gruppe – sich als meinungsstark erweisen, soll im Folgenden im Rückgriff auf sozialpsychologische Standardwerke geklärt werden (Hewstone und Martin 2007, S. 359 ff.; Werth und Mayer 2008, S. 279 ff.).

Wichtig für das Verständnis der Kraft, die Gruppen und ihre Normen haben, ist das *Konzept der „Bewertungsangst":* Das ist die „Sorge, von anderen bewertet zu werden; sie verursacht einen Antrieb (Erregung), der zur sozialen Erleichterung bzw. Hemmung führt, weil Menschen gelernt haben, die Bewertung durch andere Personen zu erwarten" (Hewstone und Martin 2007, S. 363). Sozialer Einfluss kann beiläufig oder gezielt als Überzeugungsakt oder Persuasionsversuch wirksam werden. Viele der ungeschriebenen Gesetze einer Gruppe werden wohl eher beiläufig vermittelt. Ein Compliance Officer in der Schulung oder im Training startet dagegen einen gezielten Versuch von den Normen der Organisation zu überzeugen.

Konformität wird im Rückgriff auf zwei Einflussgrößen erklärt, den Einfluss, der als informativ aufgefasst werden kann, und den Einfluss, der motivational erklärbar ist. Menschen möchten grundsätzlich bei einem Thema oder einem Sachverhalt eine angemessene, „richtige" Meinung haben und angemessenes Verhalten zeigen. Das ist eine positive Unterstellung, die die Sozialpsychologie vornimmt. Menschen möchten aber auch gerne von anderen wenn nicht gar gemocht, so doch zumindest aber akzeptiert werden und sich zugehörig fühlen. (Das Bedürfnis nach sozialer Anerkennung ist im Zweifelsfall sogar stärker als das Bedürfnis nach angemessener Urteilsbildung.) Welche Faktoren spielen nun im Einzelnen eine Rolle beim sogenannten informativen versus normativen Einfluss?

- *Informativer Einfluss* ist der Einfluss, „der auf dem angenommenen Informationswert der Meinung anderer beruht (denn das Verhalten anderer informiert über Realität)" und „resultiert meist in *Konversion* (öffentlicher Konformität und zugleich innerer/privater Überzeugung)" (Werth und Mayer 2008, S. 286). In welchen Situationen kann dieser Einfluss überhaupt relevant sein? Wenn Einzelne sich nur schwer eine Meinung über einen Gegenstand bilden können, wird für sie wichtig, was andere über eine Sache denken. Das ist in *mehrdeutigen Situationen* der Fall. Dabei spielt auch die Orientierung am „Prinzip sozialer Bewährtheit" eine Rolle, das bedeutet, dass Menschen der Auffassung sind, dass das, was Viele tun, auch gleichzeitig das Richtige ist.
- Das Motiv „soziale Anerkennung" wird hingegen beim zweiten Einflussmodus bedeutsam, dem *normativen Einfluss,* denn von der Gruppenmeinung bei einer öffentlichen Meinungsäußerung abzuweichen, die Devianz, entspricht einem unangenehmen Zustand, den man vermeiden möchte. In einer Gruppe möchte man sich nicht mit einem Urteil lächerlich machen oder mit der vermeintlich falschen oder unangemessenen Meinung auffallen und Peinlichkeit erleben. Die zweite Einflussart auf der Grundlage solcher Hypothesen „resultiert in *Compliance* (öffentlicher Konformität ohne innere Überzeugung)" (Werth und Mayer 2008, S. 286). Diese Konformität darf also als eine Art „2. Klasse"-Urteil aufgefasst werden, auf das man nicht bauen sollte. Denn eine innere Haltung ist damit nicht erreicht.

Die normative Beeinflussung hat immer auch positive Effekte für eine Gruppe. Verbale Normbestätigung oder regelgerechtes Verhalten von Gruppenmitgliedern stärken die Übereinkunft und die Identität der sozialen Gemeinschaft. Nun könnte man denken, dass der zweite Fall von Konformität nur in Situationen auftritt, die öffentlich sind, d. h. in denen andere eine Person sehen oder hören können, oder am gleichen Ort zur gleichen Zeit anwesend sind. Das aber ist gerade nicht der Fall. Der Einfluss Anderer, deren Meinung, Verhalten und Erwartungen, wird auch dann spürbar, wenn man sich die Gruppe, der man angehört, nur vorstellt. Soziale Normen sind mental repräsentiert, leicht abrufbar und werden auch gedanklich aktiviert, wenn wir uns außerhalb des Aktionsradius einer Gruppe bewegen, der wir angehören. Eine Rolle spielen kann also auch der nur imaginierte Einfluss der anderen.

Die sozialpsychologische Forschung hat eine ganze Reihe von moderierenden Variablen herausgearbeitet, die darüber mit entscheiden, unter welchen Umständen normative und informative Einflüsse zur Geltung kommen. Die *Moderator-Variablen* werden hier im Folgenden in Anlehnung an die Darstellung bei Werth und Mayer (2008, S. 292 ff.) wiedergegeben:

- *Art des Urteilsgegenstands:* Kann man bei einem Thema oder einem Gegenstand gar nicht erwarten, dass es ein richtiges, angemessenes, oder korrektes Urteil gibt, sondern dass es sich vielmehr um Stil- oder Geschmacksfragen handelt, entsteht kein Konformitätsdruck durch das Bedürfnis nach Korrektheit oder soziale Akzeptanz.
- *Bedeutsamkeit eines korrekten Urteils:* Ist ein Urteil persönlich sehr bedeutsam oder moralisch relevant für eine Person, ist der informative Einfluss bedeutsamer als der normative.
- *Bedeutsamkeit der Gruppenzugehörigkeit:* Identifiziert man sich stark mit einer Gruppe, ist die Zugehörigkeit zur Gruppe relevant, ist sie für das Selbstwertgefühl wesentlich, und fürchtet man sich im Fall von Devianz vor Sanktionen, so ist der normative Einfluss größer als der informative.
- *Glaubwürdigkeit und/oder Expertise der anderen Personen:* Mit dem Ausmaß der angenommenen Expertise und zugeschriebenen Glaubwürdigkeit anderer Personen steigt deren informativer Einfluss.
- *Gruppengröße:* Größeren Gruppen wird vergleichsweise größerer normativer Einfluss zugesprochen als kleineren. Allerdings gibt es dafür keine klaren Grenzen oder etwa eine optimale Teilnehmeranzahl.
- *Einmütigkeit der anderen Personen:* Ist eine Gruppe sich nicht einig bzw. weicht eine Minderheit von einer öffentlich gemachten Mehrheitsmeinung ab, kann eine Bewegung der Meinungsbildung beobachtet werden. D. h. auch weitere Personen können sich motiviert und ermutigt fühlen, ihre (Minderheiten-) Meinung zu äußern. Ein für die Compliance im Unternehmen interessanter Fall also.

8.2 Konsequenzen für die Compliance-Kommunikation

Normen sind für das soziale Miteinander unabdingbar. Sie regeln die Leistungs-erbringung in der Organisation und dienen als „Richtschnur des Handelns" für die Mitglieder einzelner Gruppen oder Abteilungen eines Unternehmens. Diese haben wie oben gesehen oft ihre eigenen Normen, die nicht zwingend konform mit Unternehmenszielen oder -normen, z. B. auch des Compliance-Management-Systems, sind. Die Existenz solcher Gruppennormen mit oft informellem Cha-rakter sind für Compliance Officer eine große Herausforderung (vgl. hierzu auch Schneider und Geckert 2017, S. 109).

Weiter oben wurde für Compliance-Management im Unternehmen festgehal-ten, dass grundsätzlich die Frage gestellt werden muss, ob *Compliance-Regeln der Organisation und implizite Gruppenregeln* konsonant oder dissonant sind. Ist das Ergebnis dieser Prüfung positiv, kann der Compliance-Manager auf die Kraft der Gruppe setzen, um Compliance-Regeln zur Durchsetzung im Unternehmen zu verhelfen. Ist die Prüfung negativ, oder bestehen Zweifel an der Kompatibilität, gilt es, möglichst viel über die sozialen Gesetzmäßigkeiten der Konformität in Gruppen zu wissen, um Verständnis dafür zu bekommen, unter welchen Bedin-gungen das „Ja" von Mitarbeitern zu Compliance-Regeln vielleicht nur Lippenbe-kenntnisse darstellt oder warum sich einzelne Mitarbeiter so schwer tun, vor dem Hintergrund abweichender Gruppennormen integres, regelkonformes Verhalten im Sinne von Compliance in der Organisation zu zeigen.

Compliance Officer sollten in der Kommunikation mit Mitarbeitern versuchen, *informativen und nicht nur normativen Einfluss* in Schulungen und Trainings gel-tend zu machen. Schließlich sollten Compliance-Regeln und die zu schützenden Werte zu inneren Überzeugungen und wichtigen Handlungsmaximen von Mit-arbeitern werden, und Ergebnisse in evaluativen Tests sollten sich nicht nur als sozial erwünscht, aber nicht internalisiert erweisen. Das Ziel muss also sein: *Kon-version vor Compliance (im sozialpsychologischen Sinne)!* Denn öffentliche Kon-formität ohne innere Überzeugung kann kein befriedigendes Ergebnis sein.

Dass informativer Einfluss für Mitarbeiter im Kontext von Regelkonformität wichtig sein kann, und sogar dankbar aufgenommen werden dürfte, hängt damit zusammen, dass *Compliance-Themen oft Unschärfe* aufweisen, d. h. die Übertra-gung von einer juristischen Regel oder einer allgemein formulierten Selbstver-pflichtungsnorm auf eine konkrete Alltagssituation ist manchmal schwierig, denn der reale Fall ist oft „verzwickter", weist Ambiguität auf und entspricht nicht dem „Lehrbuch-Fall" oder den Cases, die man in einer Schulung kennen gelernt hatte.

Die Konformitätstheorie besagt ja, dass in mehrdeutigen Situationen die Urteile anderer für die eigene Meinungsbildung herangezogen werden.

Grundsätzlich kann man davon ausgehen, dass viele Situationen in Unternehmen großen normativen Druck für Mitarbeiter mit sich bringen – das darf aber auch als von individuellen Einflussgrößen relativiert gedacht werden. Menschen empfinden nämlich normativen Druck unterschiedlich stark. Neben solchen individuellen Unterschieden sind auch einige der moderierenden Variablen für Konformität im Kontext von Compliance-Kommunikation relevant. So ist z. B. die Tatsache, dass persönlich und/oder moralisch bedeutsame Urteile mehr informativem als normativem Einfluss unterliegen, zu beachten: *Compliance muss also zu einem Involvement für Mitarbeiter werden,* sodass Informationen und nicht allein Mehrheiten für den Mitarbeiter bei einer Compliance-Herausforderung handlungsleitend sind.

Compliance Officer hoffen häufig auf die persuasive Kraft einzelner, regelkonformer Mitarbeiter oder Minderheiten, um auf die Regelabweichler im Unternehmen Einfluss auszuüben. *Wie stärkt man Hoffnungsträger in einer Gruppe von „schwarzen Schafen"?* Anders gefragt: Was sagt die Konformitätstheorie zum Einfluss von Minderheiten?

- Generell gilt: Je mehr *Dissens* in einer Gruppe zugelassen wird, desto größer ist die Chance, dass Minderheiten-Meinungen überhaupt gehört werden und abweichendes, normkonformes Verhalten gezeigt wird. Die Frage im Hintergrund ist: Ist die Unternehmenskultur diesbezüglich ein Vorbild?
- Compliante Mitarbeiter müssen unterstützt und motiviert werden, häufig und öffentlich ihre Haltung im Unternehmen zu zeigen. Nur *konsistenter Minderheiteneinfluss* ist stark. Dass jemand eine Meinung über lange Zeit „stoisch" gruppenöffentlich äußert und einem entsprechenden Verhaltensstil treu ist, kann als entscheidend für den Einfluss von Minderheiten betrachtet werden. Positionen müssen also klar und kontinuierlich deutlich gemacht werden. Zu fragen ist also: Werden einzelne Vorbilder (hier im Sinne von Meinungsabweichlern von Gruppennormen) ausreichend kommuniziert (in Mitarbeiterzeitungen, Workshops, Trainings, bei Betriebsversammlungen etc.)?
- Neben der Konsistenz ist wesentlich, dass Abweichungen von Mehrheitsmeinungen (durchaus unterschiedliche Beispielfälle, moralische Fallen und der Schutz davor) immer und immer wieder kommuniziert werden. Dann können auch auftretende *kognitive Dissonanzen* spürbar werden, die ja zum Abbau des Spannungszustandes drängen.

- Bei der kommunikativen Aufbereitung von Minderheitspositionen sollte darauf geachtet werden, dass *systematische Informationsverarbeitung* nahegelegt wird, gute Argumente gewählt werden und differenzierte Argumentationen angeboten werden, und nicht auf bloße heuristische Informationsverarbeitung mit einigen peripheren Hinweisreizen gesetzt wird.
- Repräsentanten von Minderheitspositionen sollten möglichst nach den *Bedingungen der sozialen Validierung* ausgewählt und inszeniert werden. Hierzu bietet das Kapitel über soziale Vergleiche einige Hinweise.

Informationsverarbeitungs- und Einstellungsbildungsprozesse sind äußerst komplex und diese Komplexität bedingt, dass die hier dargestellten Einflussfaktoren und die vorheriger Kapitel „zusammengedacht" werden müssen. Sozial- und Wirtschaftspsychologie halten keine einfachen Tipps zur Persuasion bereit. Sozialer Einfluss, der Veränderungen von Einstellungen, Überzeugungen, Meinungen, Werten und Verhalten bewirkt, muss aus der Perspektive der Organisation bzw. des Compliance Officer grundsätzlich mit Ambivalenz betrachtet werden.

Das entspricht zumindest dem Fazit, das die Sozialpsychologen Hewstone und Martin (2007, S. 360) zum sozialen Einfluss ziehen: „Einerseits handelt es sich um den Kitt der Gesellschaft; er sorgt dafür, dass alles funktioniert, und die Gesellschaft würde ohne ihn in vollständiges Chaos versinken. Andererseits kann er zu einer gefährlichen Kraft werden, die einigen der extremsten unmoralischen Formen des sozialen Verhaltens beim Menschen zugrunde liegt."

Compliance und Reaktanz 9

9.1 Grundzüge der Theorie psychologischer Reaktanz

Auf die Relevanz von Kommunikation für eine lebendige Compliance-Kultur im Unternehmen wird aus der Perspektive der Kommunikationswirtschaft immer wieder verwiesen. Kommunikation wird damit zum Erfolgsfaktor für Compliance. Nachdem nun weiter oben gezeigt worden ist, wie man Kommunikation für Compliance sinnvoll gestalten kann, soll abschließend erörtert werden, auf welche Weise man zu viel an Intensität und Kommunikationsdruck schaffen kann. Die Frage, ob man eigentlich zu viel kommunizieren kann, muss aus der Perspektive der Psychologie eindeutig mit „Ja" beantwortet werden. Denn Beeinflussungsversuche durch Kommunikation schränken die Freiheit von Rezipienten ein. Eine natürliche Reaktion auf solche Einschränkungen ist die Wiederherstellung der Freiheit. Aus der Perspektive der Reaktanzforschung (siehe im Überblick Chadee 2011, S. 13 ff.) ist für das Verständnis von Compliance und die Kommunikation darüber zu fragen:

- Unter welchen Umständen muss mit Abwehr von oder Widerstand gegen Compliance-Kommunikation im Unternehmen gerechnet werden?
- Welche Freiräume im Umgang mit Regeln sollten Mitarbeitern zugestanden werden, um das Erleben von Autonomie zu stützen und so Regelakzeptanz zu fördern?

Unter *Freiheit* wird im Rahmen der psychologischen Reaktanztheorie verstanden, bestimmte Verhaltensalternativen zu haben oder nicht zu haben oder bestimmte Meinungen zu haben oder nicht. Dabei kommt es nicht darauf an, dass man diese

© Springer Fachmedien Wiesbaden GmbH 2018
S. Femers-Koch, *Compliance-Kommunikation aus wirtschaftspsychologischer Sicht*, essentials, https://doi.org/10.1007/978-3-658-19810-7_9

Freiheiten wirklich hat. Allein die Annahme, diese Freiheiten zu besitzen, ist psychologisch relevant. Werden Freiheitsspielräume eingeschränkt, entsteht eine Motivation, den eliminierten oder eingeschränkten Freiheitsspielraum wieder zu erweitern oder gänzlich wieder herzustellen (Pelzmann 2012, S. 41). Daher kann man die Reaktanztheorie auch als Kontroll- oder Motivationstheorie auffassen. Im Rückgriff auf die klassischen Arbeiten von Brehm und neuere Arbeiten von Dickenberger, Gniech und Grabitz aus den 1990er Jahren bestimmen Raab et al. (2016, S. 73) als wesentliche Bedingungen für das Entstehen psychologischer Reaktanz:

- „die Vorstellung zu besitzen, über einen Freiheitsspielraum zu verfügen,
- diesen Freiheitsspielraum für einigermaßen wichtig zu halten, und
- eine Bedrohung oder Eliminierung dieses Freiheitsspielraums wahrzunehmen."

Wenn man also einer Person eine Verhaltensmöglichkeit nimmt, die sie zuvor gehabt hat, z. B. durch Verbote vormals möglicher Verhaltensweisen, wird sie reaktant reagieren, also eine soziale Trotzreaktion zeigen. Zwinge ich einer Person eine Meinung auf, wird sie sich in ihrer Freiheit ebenso eingeschränkt fühlen und Widerstand auf die eine oder andere Art zeigen. Grundsätzlich beschäftigt sich die Reaktanztheorie mit drei verschiedenen Varianten der Einschränkung oder Eliminierung von Freiheit (Raab et al. 2016, S. 74):

- mit sozialem Einfluss, der über Kommunikation ausgeübt wird (z. B. einer Compliance-Schulung oder einem Training)
- mit Entwicklungen oder Gegebenheiten, die nicht in direktem Zusammenhang mit einer Person stehen (z. B. neue Gesetze oder Richtlinien, gesellschaftliche Debatten oder Gegebenheiten wie etwa Verschärfungen der Korruptionsbekämpfung oder Entwicklung zunehmend strengerer Umweltschutzauflagen), und
- das eigene Verhalten einer Person, insbesondere Entscheidungen, die für oder gegen etwas getroffen wurden (z. B. der Kauf eines Produktes einer bestimmten Marke und damit der Entzug der Möglichkeit, eine andere Marke zu wählen).

An diesen Bedingungen für das Entstehen von Reaktanz kann man erkennen, dass die Reaktanztheorie für das Verständnis complianten oder nicht complianten Verhaltes in der Organisation und für das Verhalten von Menschen im Rahmen der Schattenwirtschaft generell von hoher Relevanz ist (siehe hierzu auch insbesondere

Pelzmann 2012, S. 37 ff.). Hier soll allerdings der Fokus auf die erste Bedingung gelegt werden, auf den Widerstand, der erfolgen kann, wenn man über Kommunikation versucht, Einfluss auf die Haltungen, Meinungen oder das Verhalten anderer zu nehmen. Diesbezüglich ist der Compliance-Manager genau wie jeder andere Kommunikator in der Unternehmenswelt mit dem grundsätzlichen Dilemma konfrontiert, dass der Persuasionsversuch, sobald er als zu einengend empfunden wird, vonseiten der Mitarbeiter oder Schulungsteilnehmer mit Widerstand und Trotz quittiert wird.

Für Kommunikation oder sozialen Einfluss gilt nach Raab et al. (2016, S. 74 in Anlehnung an Brehm 1966), sie werden „dann als einengend empfunden, wenn sie

- als einseitig und unfair empfunden werden,
- Botschaftsempfänger vermuten, dass die Kommunikation systematische Fehlinformationen zugunsten der durch Botschaftsabsender bevorzugten Position enthalten,
- Schlussfolgerungen enthalten sind, die aus Sicht der Empfänger nicht nachvollziehbar sind,
- die Beeinflussungsabsicht über ein von den Empfängern akzeptiertes Maß hinaus erkennbar wird und
- Botschaftsabsender ein hohes Maß an Eigennutzen aus der bevorzugten Position ziehen können (…).

Jede Aussage, die Personen dazu bewegen soll, bestimmte Handlungen zu begehen, stellt den Versuch dar, den Entscheidungsspielraum der Gegenseite einzuschränken. Je intensiver die Wahrnehmung dieses Einflusses empfunden wird, umso stärker ist die Reaktanz, d. h. der Widerstand gegenüber der Beeinflussung." Wenn also z. B. eine Einstellung zu einer Sache durch Kommunikation geändert werden soll und diese sich dann aber entgegen der Erwartung verfestigt und sich Einfluss in die genau unerwünschte Richtung zeigt, so nennen das Sozialpsychologen „Bumerang-Effekt" oder „Kontrasteffekt" (vgl. hierzu z. B. Pelzmann 2012, S. 48).

Wie stark nun die Reaktanz einer Person bei einem Beeinflussungsversuch ausfällt, hängt zusätzlich davon ab, wie sehr jemand davon überzeugt ist, einen bestimmten Freiraum zu haben. Auch die Relevanz und Größe des Freiheitsgrades oder der Freiheitsspielräume sind mitentscheidend. Ebenso haben sich die Menge der Handlungsalternativen, die jemand zur Verfügung hat, als wichtig für das Zeigen von Reaktanz erwiesen. Im Rückgriff auf die Reaktanzforschung kann auch gesagt werden, dass die Sachkompetenz, die jemand sich selber zuspricht,

mit bestimmend für das Ausmaß der Reaktanzstärke ist, die bei einem Persuasionsversuch deutlich wird. Jemand, der sich selber für sachkompetent hält, wird
eher und stärker Reaktanz bei sozialem Einfluss zu einem Thema zeigen, als
jemand, der sich für nicht besonders sachkompetent zu einem Thema einschätzt
(vgl. hierzu Raab et al. 2016, S. 75).

Weiter oben wurde die Reaktanztheorie als eine Motivations- oder Kont-
rolltheorie (vgl. hierzu auch Wiswede 2012, S. 89) eingeordnet. Wenn man die
Auswirkungen von Reaktanz betrachten will, kann man sich daher dabei nicht
allein auf beobachtbares Verhalten beziehen. Auch Kognitionen, also gedankliche Vorgänge, sind mit einzubeziehen, denn Motive, Dissonanzen und kognitive
Umstrukturierungen von Wirklichkeitsrepräsentationen sind nicht direkt beob-
achtbar, nur die Konsequenzen im Handeln von Menschen sind wahrnehmbar
und mit Blick auf sozialen Widerstand zu kategorisieren. Wer also kein Verhalten
zeigt, kann dennoch Reaktanz ausdrücken.

Für Reaktanz-Effekte gibt es theoretisch keine Einschränkungen: Wiswede
(2012, S. 90) spricht hier von *Verhaltensstrategien* wie Aggression, Flucht, Mei-
dung und Solidarisierung sowie von einer Reihe von *kognitiven Strategien*, was
einer Art „kognitiver Selbstheilung" entsprechen kann, der „Fügung ins Unver-
meidliche", dem Anstellen „sozialer Vergleiche" (zu Personen, denen es ähnlich
ergeht) oder dem Rekurs auf soziale Normen, die Anpassung verlangen. Auch
im Überblick über erforschte Reaktanzeffekte bei Chadee (2011, S. 17 ff.) ist die
Liste möglicher Effekte lang. Zwischen offener Aggression und erhöhtem Puls-
schlag sind nach Raab et al. (2016, S. 75) alle möglichen Widerstandoptionen
vorstellbar: In Anlehnung an die Klassifikation von Brehm aus dem Jahr 1981
unterscheiden sie fünf Varianten von Reaktanzeffekten:

1. „Direkte Wiederherstellung der Freiheit durch entsprechendes Verhalten
2. Indirekte Wiederherstellung der Freiheit (implizierte Freiheitswiederherstel-
   lung)
3. Subjektive Responses (Attraktivitätsveränderung, Meinungsänderung)
4. Versuch, die erfolgte Freiheitseinengung zu leugnen, sich selber nicht einzuge-
   stehen
5. Ausweichen auf andere Freiheitsspielräume, bzw. Erhalt derselben."

Hat eine Person keine Sanktion zu fürchten, wird sie wohl Variante Nr. 1 als sehr
effektive Reaktanzminderung einsetzen. In Unternehmen, in denen Regeln groß-
geschrieben werden, aber Regelbrüche regelmäßig im blinden Fleck des Vorgesetzten verortet sind, dürft man diese Variante häufig antreffen. Auf indirektem
Wege im Sinne von Variante Nr. 2 handeln z. B. Mitarbeiter, die die Kosten eines

Regelbruchs fürchten z. B., indem sie andere zu Regelbrüchen veranlassen oder dazu motivieren. Stellvertreterhandeln kann auch die Motivation zum Widerstand beim Anstifter befrieden. Alleine auch die Vergegenwärtigung der Möglichkeit, selber zu einem anderen als dem jetzigen Zeitpunkt noncompliant zu sein, hilft einer reaktanten Person Spannung abzubauen. So kann es entlastend sein, sich vorzustellen, dass man zu einem bestimmten Zeitpunkt Compliance vortäuscht, z. B. per Lippenbekenntnis in einer Schulung oder im Gespräch mit dem Vorgesetzten, dafür aber zu einem späteren Zeitpunkt, außerhalb der Kontrollsituation, am ursprünglich nicht compliantem Verhalten festhält.

Unter „subjektiven Responses", der Variante Nr. 3, versteht man die subjektive Abwertung einer Alternative, z. B. die Führung von Gesprächen mit Lieferanten als langweilig oder uninteressant, wenn man selber diesem Einsatzgebiet entzogen wird (beispielsweise wegen des Verdachts auf Regelbruch). Es reicht aber auch schon, sich anderen gegenüber abfällig über diesen Verantwortungsbereich zu äußern, d. h. sich als negativer Meinungsmacher im Unternehmen zu positionieren.

Auch Variante Nr. 4 ähnelt weiter oben bereits angestellten Überlegungen zur kognitiven Dissonanzreduktion, hier der Leugnung: In dem Fall wird ein Verbot, eine Regel, auf jeden Fall eine Freiheitseinschränkung schlicht nicht wahrgenommen. Wenn dem „Business-as-usal"-Weg nicht mit Kontrolle und Sanktion begegnet wird, bleibt soziale Einflussnahme für Compliance im Unternehmen erfolglos.

Variante Nr. 5 im Widerstand gegen die Einschränkung von Freiheitsspielräumen ist ähnlich aufzufassen: Hier wird einfach ein an Alternativen reicherer Verhaltensbereich fokussiert, um die Illusion von Freiheit aufrechtzuerhalten. Das kann beispielsweise bedeuten, dass jemand auf einen angestrebten Regelbruch in dem einen Bereich verzichtet, ihn aber stellvertretend zur Aufwertung der eigenen Souveränität in einem anderen Geschäfts- oder Tätigkeitsbereich vornimmt.

9.2 Konsequenzen für die Compliance-Kommunikation

Für die Compliance-Kommunikation lässt sich aus der psychologischen Reaktanztheorie eine wesentliche Schlussfolgerung ziehen: Man muss Mitarbeitern so viele Verhaltensspielräume und Entscheidungsbefugnisse wie eben möglich zubilligen und Einschränkungen bisheriger Freiheiten sehr gut und nachvollziehbar begründen. Frei fühlt sich nur derjenige, der zumindest in Alternativen denken kann, Handlungsalternativen differenziert abwägen und dann selber entscheiden kann, welche Variante die „richtige" ist. Mit einer Unternehmenskultur, in der es nur Schwarz-Weiß-Denken gibt, und in der vorrangig der Duktus von Müssen und Sollen gepflegt wird, lässt sich diese Grundhaltung nur schwer vereinen. Gerade Juristen, die in Unternehmen ja häufig die Rolle des Compliance Officers einnehmen, tun sich in Diskussionen um die Einhaltung von Regeln schon einmal schwer damit, sich auf entsprechende Diskussionen um Do's and Dont's einzulassen. Wo sie selber klare Verhaltensansagen durch Compliance-Regeln gegeben sehen, sehen auf der anderen Seite Mitarbeiter Einschränkungen ihrer Handlungssouveränität und des Vertrauen in sie, das Richtige selber zu erkennen. Andererseits sind Juristen durch ihre berufliche Sozialisation in der Regel sehr gut darauf vorbereitet, souverän ihre argumentative Kraft zu entfalten. Gerade Schulungsmaterialien sollten von dem Denken in Alternativen und differenzierten Pro- und Contra-Argumentationen zu Compliance-Standards geprägt sein. Zumindest die Reaktanztheorie legt nahe, dass sich die entsprechenden Mühen in der sozialen Beeinflussung von Mitarbeitern lohnen könnten.

Die in Anlehnung an die klassische Reaktanztheorie weiter oben angesprochenen einengenden Faktoren von kommunikativen Botschaften sollten für die Praxis der Compliance-Kommunikation als Gradmesser für erfolgsverdächtige oder reaktanzprovozierende Kommunikation verstanden werden:

- Kommunikationsinhalte sollten beim Publikum nicht einseitig wirken. Es empfiehlt sich vielmehr, immer auch die „Gegenseite" in der Darstellung von Compliance-Themen einzubeziehen, also z. B. guten Gründen für die Einführung einer Regel oder Maßnahme Gegenargumente gegenüberzustellen oder der Haltung der Geschäftsführung mögliche Haltungen anderer Gruppen im Unternehmen gegenüberzustellen.
- Botschaften in der Compliance-Kommunikation sollten außerdem auf ihre von verschiedenen Gruppen in der Organisation *wahrgenommene* Fairness und Gerechtigkeit hin überprüft werden.
- Kommunikationsbotschaften dürfen niemals Fehlinformationen zugunsten der durch den Botschaftsabsender bevorzugten Position enthalten. Dies ist eine Forderung, die ganz selbstverständlich sein sollte, tatsächlich aber im Praxisfall nicht immer erfüllt wird. Für einen Compliance Officer wäre das wohl der Super-Gau und würde den „sozialen Tod" in einer Organisation nach sich ziehen.
- Kommunikation muss die in ihr enthaltenen Schlussfolgerungen zu einem Erörterungsgegenstand immer kritisch auf ihre explizite Nachvollziehbarkeit prüfen und sich dabei in sozialer Perspektivenübernahme üben. Die korrespondierende Frage lautet: Kann meine Zielgruppe meine Inhalte wirklich nachvollziehen? Eine Frage, die auch im Training oder in Schulungen vernehmbar gestellt und miteinander in einer Schulungsgruppe beantwortet werden sollte.

- Allein die Beeinflussungsabsicht eines Compliance Officers an sich, kann schon Reaktanz bewirken. Da es ohne diese aber nicht geht, empfiehlt es sich, sich selber für die Beeinflussungssensibilität von Mitarbeitern zu sensibilisieren. Z. B. kann man ein Gespräch über Verantwortlichkeiten und Souveränität führen. Oder eine Frage nach Alltagserleben in der Gruppe bearbeiten, in dem Mitarbeiter sich über Autoritäten geärgert haben. Ein solches Gespräch kann dem Compliance-Verantwortlichen helfen zu verstehen, wo Grenzen für Mitarbeiter überschritten werden.

- Der Eigennutzen für die Organisation, die der Compliance Officer in der Regel repräsentiert, und der mit spezifischen Kommunikationsinhalten verbunden ist, sollte in Schulungen und Trainings explizit gemacht werden und auf seine Legitimität hin geprüft werden. Es empfiehlt sich außerdem, die Vorteile, die aufgrund des organisationalen Eigennutzens für die Mitarbeiter entsteht, ausführlich zum Thema zu machen. Wird der Eigennutzen der Organisation auch als Eigennutzen für den Mitarbeiter verständlich, dürfte dieser, in der Regel Reaktanz fördernde Aspekt, keine allzu große Rolle mehr spielen.

Compliance-Kommunikation und Psychologie: Ein Fazit

Compliance ist als eine Herausforderung für Unternehmen zu verstehen, die nicht nur den Bedarf ausgefeilter Compliance-Management-Systeme aufzeigt, die auf juristische und betriebswirtschaftliche Expertise verweisen, sondern auch für Unternehmenskommunikatoren anspruchsvolle Gestaltungsaufgaben mit sich bringt. Im vorliegenden Beitrag wurden Erfolgsfaktoren von Compliance-Kommunikation aus der Praxisperspektive herausgearbeitet und interdisziplinäre Schnittstellen-Defizite betrachtet. Vor dem Hintergrund dieser Erkenntnisse entwickelte sich die Frage, ob psychologische und verhaltenswissenschaftliche Perspektiven zur strategischen Verbesserung von Compliance-Kommunikation beitragen können.

Mithilfe sozial- und wirtschaftspsychologischer Modelle menschlicher Informationsverarbeitung und Einstellungsbildung konnte die Perspektive für Erfolg versprechende Compliance-Kommunikation in der Praxis erweitert werden. Insbesondere folgende Theorien psychologischer Provenienz sind danach in der Lage, das Gestaltungswissen für Compliance Officer und Kommunikatoren sinnvoll zu erweitern:

1. das Modell der Elaborationswahrscheinlichkeit,
2. die kognitive Dissonanztheorie,
3. die Theorie sozialer Vergleiche,
4. die Theorie sozialer Konformität und
5. die psychologische Reaktanztheorie.

Die grundlegenden Merkmale dieser Modelle wurden mit Beispielen erfolgreicher Compliance-Kommunikation aus der Praxis abgeglichen. Dabei zeigten sich eine ganze Reihe von interessanten und vielversprechenden Kompatibilitäten.

© Springer Fachmedien Wiesbaden GmbH 2018   69
S. Femers-Koch, *Compliance-Kommunikation aus wirtschaftspsychologischer Sicht*, essentials, https://doi.org/10.1007/978-3-658-19810-7_10

Die fünf Modellbetrachtungen dieser Arbeit stellen keine erschöpfende Betrachtung psychologischen Wissens mit Relevanz für das Compliance-Management in Unternehmen dar. Ohne Zweifel ließe sich diese Zusammenschau an anderer Stelle fortsetzen. Ein alternativer nächster Schritt läge in der systematischen psychologischen Evaluationsforschung für Compliance-Kommunikation. Dies allerdings würde voraussetzen, dass psychologische Modelle in der Unternehmenspraxis als relevant erachtet und mit Blick auf die Gestaltung von Compliance-Kommunikation mit Respekt betrachtet würden. Diesbezüglich stehen an vielen Stellen in Unternehmen allerdings noch Einstellungsänderungen aus. Soweit zur Unternehmenspraxis.

Die oben ausgeführten Überlegungen und Reflexionen zu ausgewählten psychologischen Theorien zur Persuasion zeigen wie gesagt, dass Wirtschaftspsychologie relevantes Orientierungswissen bereitstellt, um Compliance-Kommunikation sinnvoll zu gestalten und gegebenenfalls zu verbessern. Diese Erkenntnis sollte auch anwendungsorientierte psychologische Forschung anregen. Allerdings sind diesbezüglich auch Barrieren aus dem Weg zu räumen. Und diese liegen in der Praxisferne wissenschaftlicher Betrachtungen und darin, dass Compliance im Unternehmen als interessantes Arbeitsfeld für Psychologen noch nicht recht erkannt worden ist. Auch die kommunikationswissenschaftliche Zuwendung zum Thema Compliance als Forschungsgegenstand ist bislang kaum gegeben. Soweit zur Wissenschaft.

Compliance Officer können derzeit zur Verbesserung ihrer Arbeit viel beitragen, indem sie den interdisziplinärer Austausch zwischen Juristen, Kommunikationsfachleuten und Psychologen weiter pflegen, wie er in Ansätzen im Rahmen der Professionalisierung des Berufsstandes in Verbänden bereits gepflegt wird. Die Unternehmenspraxis kann derzeit einen weiteren wesentlichen Beitrag leisten, indem sie Transparenz über die Compliance-Kommunikation herstellt, ihre eigenen Evaluationsbemühungen verstärkt und den Austausch über die Ergebnisse zulässt. Denn ohne Evaluation von Kommunikation kann diese keine strategische Verbesserung erfahren und das Potenzial psychologisch begründeter Gestaltungsempfehlungen nicht sicher eruiert werden.

Was Sie aus diesem *essential* mitnehmen können

- Ein Verständnis für die Rolle des Compliance Officers
- Erfahrungen mit kommunikativen Antworten auf Compliance-Probleme
- Anregungen für die Gestaltung von Compliance-Kommunikation auf psychologischer Basis

© Springer Fachmedien Wiesbaden GmbH 2018   71
S. Femers-Koch, *Compliance-Kommunikation aus wirtschaftspsychologischer Sicht*, essentials, https://doi.org/10.1007/978-3-658-19810-7

Literatur

A & B One (2010). Compliance und Kommunikation. A & B One Folio. Schriftenreihe A & B One. Ausgabe 1. Frankfurt: A & B Kommunikationsagentur GmbH.

A & B One (2016). Deutsche Bahn AG. Wissen, was unsere Werte schützt. http://www.a-b-one.de/referenzen/auswahl/deutsche-bahn.html. Zugegriffen: 24. Juni 2016.

Aehling, Kathrin, Arnold, Marieke & Retzbach, Andrea (2012). Sozial- und Organisationspsychologie. Wie Menschen sich in Organisationen verhalten und wie sie ihre Arbeit erleben. In Michaela Maier, Frank M. Schneider & Andrea Retzbach (Hrsg.). Psychologie der internen Organisationskommunikation. Göttingen: Hogrefe Verlag, S. 81–98.

Alebrand, Wolf-Werner (2015). Compliance spielerisch vermitteln. Comply. Fachmagazin für Compliance-Verantwortliche. 1. Jg., Juni 2015, S. 34–35.

Audi AG (2012). Broschüre Governance, Risk & Compliance. http://www.audi-cr2014.de/uploads/files/676656354908835499-audi-governance-risk-compliance.pdf. Zugegriffen: 25. Mai 2016.

Audi AG (2015a). „Compliance". Imagebroschüre für den internen Gebrauch. Ingolstadt: Government, Risk & Compliance (I/GR) der Audi AG.

Audi AG (2015b). Corporate Governance Bericht 2015. http://www.audi.com/content/dam/com/DE/investor-relations/corporate-governance/audi_corporate_governance_bericht_2015.pdf. Zugegriffen: 26. Mai 2016.

Bachner, Frank (2016). In der Funkzelle. Der Tagesspiegel, 23.3.2016, S. 9.

Becker, Florian, von Rosenstiel, Lutz & Spörrle, Matthias (2007). Persuasion durch Glaubwürdigkeit. In Klaus Moser (Hrsg.). Wirtschaftspsychologie. Heidelberg: Springer Medizin Verlag, S. 69–84.

Böcking, David (2011). Korruptionsbekämpfung. Hurra, wir haben gesündigt!" Spiegel Online 15.2.2011. http://www.spiegel.de/wirtschaft/unternehmen/korruptionsbe-kaempfung-hurra-wir-haben-gesuendigt-a-745768-druck.html. Zugegriffen: 4. August 2011.

Bruhn, Manfred (2014). Integrierte Unternehmens- und Markenkommunikation. Strategische Planung und operative Umsetzung. Freiburg: Schäffer-Poeschel Verlag.

Chadee, Derek (2011). Toward Freedom: Reactance Theory Revised. In Derek Chadee (Hrsg.). Theories in Social Psychology. Oxford: Wiley-Blackwell, S. 13–49.

Corcoran, Katja, Crusius, Jan & Mussweiler, Thomas (2011). Social Comparisons: Motives, Standards, and Mechanisms. In Derek Chadee (Hrsg.). Theories in Social Psychology. Oxford: Wiley-Blackwell, S. 119–139.

© Springer Fachmedien Wiesbaden GmbH 2018
S. Femers-Koch, *Compliance-Kommunikation aus wirtschaftspsychologischer Sicht*, essentials, https://doi.org/10.1007/978-3-658-19810-7

Chadee, Derek (Ed.) (2011). Theories in Social Psychology. Oxford: Wiley-Blackwell.

Deekeling Arndt Advisors (2015). Compliance Kommunikation. Culture eats Compliance for Breakfast. Nachhaltige Verankerung von Compliance in der Arbeits- und Prozesskultur. Düsseldorf: Deekeling Arndt Advisors in Communications GmbH.

Deutsche Bahn AG (2012). Compliance Standards. Ein Film zum Compliance Verständnis. http://www.deutschebahn.com/de/konzern/compliance/standards.html. Zugegriffen: 23. Juni 2016.

Dillmann, Thomas (2016). Aktuelle Expertenbefragung legt Defizite in der Compliance-Kommunikation offen. http://www.pr-journal.de/lese-tipps/studien/17420-aktuelle-expertenbefragung-legt-defizite-in-der-compliance-kommunikation-offen.html. 22.04.2016. Zugegriffen: 10. Juni 2016.

Eagly, Alice H. & Chaiken, Shelly (1995). Attitude Strength, Attitude Structure and Resistence to Change. In Richard E. Petty & Jon A. Krosnick (Eds.). Attitude Strength (pp. 413–432). Mahwah, New Jersey: Erlbaum Publishers. S. 22–23.

Felser, Georg (2015). Werbe- und Konsumentenpsychologie. Berlin: Springer Verlag.

Femers, Susanne (2012a). Fairness und Gerechtigkeit und ihre Bedeutung für das Beziehungsmanagement in der Wirtschaftskommunikation. In Klaus Boltres-Streeck & Susanne Femers (Hrsg.) (2012). Finanztango. Wirtschaftliche Beziehungen und ihr Management in der Wirtschaftskommunikation. Wiesbaden: Springer VS Verlag, S. 71–88.

Femers, Susanne (2012b). Vertrauen oder von der Kunst, Pferden etwas einzuflüstern. In Klaus Boltres-Streeck & Susanne Femers (Hrsg.) (2012). Finanztango. Wirtschaftliche Beziehungen und ihr Management in der Wirtschaftskommunikation. Wiesbaden: Springer VS Verlag, S. 37–54.

Femers, Susanne (2015). Public Relations aus sozialpsychologischer Sicht. In Romy Fröhlich, Peter Szyszka & Günter Bentele (Hrsg.). Handbuch der Public Relations. Wiesbaden: Springer VS Verlag, S. 63–84.

Festinger, Leon (1954): A Theory of Social Comparison Processes. In Human Relations, 7, S. 117–140.

Festinger, Leon (1957). A Theory of Cognitive Dissonance. Standford: Stanford University Press.

Fischer, Lorenz & Wiswede, Günter (2009). Grundlagen der Sozialpsychologie. München: Oldenbourg Verlag.

Fissenewert, Peter (2015). Unternehmenskultur ist ein Erfolgsgarant für den Mittelstand. Comply. Fachmagazin für Compliance-Verantwortliche. 1. Jg., Juni 2015, S. 48–51.

Franken, Swetlana (2010). Verhaltensorientierte Führung. Handeln, Lernen und Diversity in Unternehmen. Wiesbaden: Gabler Verlag.

Griepentrog, Wolfgang (2015). Vom Compliance-Kult zur Compliance-Kultur: ein dringender Job für die Kommunikation. http://glaubwuerdigkeitsprinzip.de/vom-compliance-kult-zur-compliance-kultur/. Zugegriffen: 14. Juni 2016.

Grüninger, Stephan (2014). „Hinschauen, wie es wirklich ist“. In Konstanz Institut für Corporate Governance (KICG) (Hrsg.). Kommunikationspotenziale in Compliance-Systemen deutscher Unternehmen. Konstanz: KICG Hochschule Konstanz, S. 2–7.

Herzog, Henning & Stephan, Gregor (2013). Berufsfeldstudie Compliance Manager 2013. Vermessung eines Berufsstandes. Berlin: Helios Media GmbH.

Herzog, Henning & Stephan, Gregor (2014). Wie sehen Führungskräfte in Deutschland den Compliance Manager? Eine Fremdbildstudie über den Beruf des Compliance Managers 2014. Berlin: Helios Media GmbH.

Herzog, Henning, Grundei, Jens & Stephan, Gregor (2015). Die Compliance Organisation. Wie ist Compliance in Deutschland organisiert? Berlin: Helios Media GmbH.

Hewstone, Miles & Martin, Robert (2007). Sozialer Einfluss. In Klaus Jonas, Wolfgang Stroebe & Miles Hewstone (Hrsg.). Sozialpsychologie. Eine Einführung. Heidelberg: Springer Medizin Verlag, S. 359–408.

Holzmann, Robert (2015). Wirtschaftsethik. Wiesbaden: Springer Gabler.

Iwersen, Sönke (2012). Lustreisen Skandal: Interner Bericht enthüllt Details der Ergo-Affäre. Handelsblatt. 14.06.2012. http://www.handelsblatt.com/unternehmen/banken-versicherungen/lustreisen-skandal-interner-bericht-enthuellt-details-der-ergo-affaere/6997572-all.html. Zugegriffen: 8. April 2015.

Jäckel, Irina (2014). Vertrauen. Compliance aus der Vogelperspektive. Compliance Manager 1, 2014, S. 13–19.

Jäckel, Irina (2015). Compliance Branding. KISS = Keep It Simple, Stupid. 21.12.2015. http://www.compliance-manager.net/fachartikel/kiss-keep-it-simple-stupid-750119091. Zugegriffen: 13. Juni 2016.

Jäckel, Irina (2016). „Es reicht nicht, nur gute kommunikative Fähigkeiten zu haben" Interview mit Antje Bock-Schwinum, Leiterin der Fachgruppe Compliance Kommunikation des Berufsverbandes der Compliance Manager (BCM). Compliance Manager, 1/2016, S. 50–55.

Jäckel, Irina (2017). Du darfst nicht! Compliance Manager 1, 2017, S. 14–26.

Jahberg, Heike & Neuhaus, Carla (2015). Streit ums Nudging. Wie der Staat Verbraucher erzieht. Der Tagesspiegel. 3.3.2015.

Kamm, Susanne & Rademacher, Lars (2012). Im Fadenkreuz der Öffentlichkeit. Compliance Kommunikation als Reputationsschutz. München: MHMK University Press/CCC.

Kamm, Susanne, Steiner, Jona & Rademacher, Lars (2016). Compliance-Kommunikation: Reputation in der nächsten Instanz. Aktuelle Ergebnisse einer Expertenbefragung deutscher Kommunikationsmanager. Kamm, Kocks & Hochschule Darmstadt, April 2016.

Kastens, Inga Ellen & Busch, Albert (2016). Prolog: Neues Denken in der Wirtschaftskommunikation. In Inga Ellen Kastens & Albert Busch (Hrsg.). Handbuch Wirtschaftskommunikation. Interdisziplinäre Zugänge zur Unternehmenskommunikation. Tübingen: Narr Francke Attempto Verlag, S. 1–25.

Kelman, Herbert C. (1958). Compliance, identification, and internalization: Three processes of attitude change. Journal of Conflict Resolution, 1, pp. 51–60.

Kirchick, James (2015). Wie die FIFA die Welt erklärt. 06.06.2015. http://www.faz.net/aktuell/sport/sportpolitik/korruptionsskandal-wie-die-fifa-die-welt-erklaert-13632145.html. Zugegriffen: 31. Juli 2015.

Kirchler, E. (2011). Wirtschaftspsychologie. Individuen, Gruppen, Märkte, Staat. Göttingen: Hogrefe Verlag.

Klimmt, Christoph (2011). Das Elaboration-Likelihood-Modell. Baden-Baden: Nomos Verlagsgesellschaft.

Knoll, Nina, Scholz, Urte & Rieckmann, Nina (2017). Einführung Gesundheitspsychologie. München: Ernst Reinhardt Verlag/UTB.

Konrad, Daniel (2015). Trends für die Compliance-Kommunikation 2015. Pressesprecher. Magazin für Kommunikation. http://www.pressesprecher.com/nachrichten/trends-fuer-die-compliance-kommunikation-2015-8791. Zugegriffen: 27. Juli 2015.

Konrad, Daniel (2016). „Show-Stopper" statt „Businessvereinfacher" – 5 Mythen zu Compliance-Kommunikation. http://www.true-affairs.de/2016/04/show-stopper-statt-businessvereinfacher-5-mythen-zu-compliance-kommunikation/4.4.2016. Zugegriffen: 10. Juni 2016.

Landes, Miriam & Steiner, Eberhard (2013). Psychologie für die Wirtschaft. In Miriam Landes & Eberhard Steiner (Hrsg.). Psychologie der Wirtschaft. Wiesbaden: Springer VS Verlag, S. 31–53.

Larcker, David D. & Tayan, Brian (2014). Vertrauen. Im Netz des verdienten Vertrauens. Compliance Manager 1, 2014, S. 20–21.

Martin, Peter & Karczinski, Daniel (2014). Kommunikation als Schlüsselfunktion in Compliance-Systemen. In Josef Wieland, Roland Steinmeyer & Stephan Grüninger (Hrsg.). Handbuch Compliance Management. Konzeptionelle Grundlagen, praktische Erfolgsfaktoren, globale Herausforderungen. Berlin Erich Schmidt Verlag, S. 765–780.

Martin et Karczinski (2016a). Case Audi. http://www.martinetkarczinski.de/case-audi. Zugegriffen: 24. Juni 2016.

Martin et Karczinski (2016b). "Protect what you love." – Imagefilm Audi Governance, Risk & Compliance. https://vimeo.com/147564335. Zugegriffen: 24. Juni 2016.

Mast, Claudia (2016). Unternehmenskommunikation. Konstanz: UVK Verlagsgesellschaft/ Utb.

Metro AG (2016). Compliance Regeln. https://www.metro.de/unternehmen/compliance. Zugegriffen: 26. Mai 2016.

Mussweiler, Thomas (2006): Sozialer Vergleich. In Hans-Werner Bierhoff & Dieter Frey (Hrsg.). Handbuch der Sozialpsychologie und Kommunikationspsychologie. Göttingen: Hogrefe Verlag, S. 103–112.

Müller, Stephanie (2013). Compliance ist Kommunikation. http://www.bvdcm.de/news/compliance-ist-kommunikation. Zugegriffen: 13. Juni 2016.

Müller, Stephanie (2015). Compliance ist Kommunikation. http://veranstal-tungen.handelsblatt.com/compliance/compliance-ist-kommunikation/. Zugegriffen: 13. Juni 2016.

Nail, Paul R. & Boniecki, Kurt A. (2011). Inconsistency in Cognition: Cognitive Dissonance. In Derek Chadee (Hrsg.). Theories in Social Psychology. Oxford: Wiley-Blackwell, S. 44–71.

n-tv (2016). „Dieselgate" und Schrecken ohne Ende. Wie es bei VW weitergehen könnte. 23.04.2016. http://www.n-tv.de/wirtschaft/Wie-es-bei-VW-weitergehen-koennte-article 17537096.html. Zugegriffen: 9. Juni 2016.

Pelzmann, Linda (2012). Wirtschaftspsychologie. Behavioral Economics, Behavioral Finance, Arbeitswelt. Wien: Verlag Österreich.

Petty, Richard E. & Cacioppo, John T. (1986): Communication and Persuasion – Central and peripheral Routes to Attitude Change. New York: Springer.

Praum; Kai (2016). Compliance-Kommunikation: VW-Skandal nicht zu verhindern. http://www.kommunikationsmanager.com/2016/04/13/compliance-kommunikation-vw-skandal-nicht-zu-verhindern/. Zugegriffen: 10. Juni 2016.

Quintus, Sabrina (2014). Compliance Kommunikation. Conformis Newsletter, 15.12.2014. http://www.htwg-konstanz.de/Compliance-Kommunikation.7415.0.html. Zugegriffen: 10. Juni 2016.

Raab, Gerhard, Unger, Alexander & Unger, Fritz (2016). Marktpsychologie. Grundlagen und Anwendung. Wiesbaden: Springer Fachmedien.

Rademacher, Lars & Möhrle, Hartwin (2014). Compliance Kommunikation: Säule der Corporate Governance. In Ansgar Zerfaß & Manfred Piwinger (Hrsg.). Handbuch Unternehmenskommunikation. Wiesbaden: Springer Fachmedien, S. 1253–1268.

Schach, Annika (2015). PR und Code of Conduct. Zehn Thesen zur Compliance Kommunication. Pressesprecher. Magazin für Kommunikation. http://www.presse-sprecher.com/nachrichten/zehn-thesen-zur-compliance-kommunikation-10163. Zugegriffen: 27. Juli 2015.

Schach, Annika & Christoph, Cathrin (2015). Compliance in der Unternehmenskommunikation. Strategie, Umsetzung und Auswirkungen. Wiesbaden: Springer Fachmedien.

Schautes, Christoph & Kunath, Natascha (2011). Erfolgreiche Compliance-Kommunikation der Metro Group: Compliance „einfach richtig" vermitteln. Kommunikationsmanager 3/2011. https://www.deekeling-rndt.de/fileadmin/user_upload/pdfs_zum_Download/ComplianceMETRO_kommunikationsmanager_10915.pdf. Zugegriffen: 8. April 2015.

Schneider, Thomas & Geckert, Carina (2017). Verhaltensorientierte Compliance. Ansätze und Methoden für die berufliche Praxis. Berlin: Erich Schmidt Verlag.

Schulz, Martin & Muth, Thomas (2014). Erfolgsfaktor Compliance-Kultur. Grundlagen und Hinweise zur Gestaltung durch die Unternehmensleitung. Compliance-Berater, 8/2014, S. 265–271.

Schwarz, Gerhard (2016). Ethisch orientierte Unternehmenskommunikation. Ein holistischer Ansatz. In Inga Ellen Kastens & Albert Busch (Hrsg.). Handbuch Wirtschaftskommunikation. Interdisziplinäre Zugänge zur Unternehmenskommunikation. Tübingen: Narr Francke Attempto Verlag, S. 481–535.

SpiessConsult (2013). Factsheet Bayer Corporate Compliance. http://www.spiessconsult.de/fileadmin/user_upload/Factsheets_Kunden/SPC09-003_Fact_Sheet_Compl_Juni_2013.pdf. Zugegriffen: 24. Juni 2016.

SpiessConsult (2016). Referenzen. Bayer Corporate Compliance. http://www.spiessconsult.de/referenzen/bayer-corporate-compliance/. Zugegriffen: 24. Juni 2016.

Steßl, Antonia (2012). Im Blickpunkt: Erfolgreiche Compliance-Kommunikation. https://www.kpmg.com/DE/de/Documents/betriebsberater-compliance-kommunikati-on-2012.pdf. Zugegriffen: 8. April 2015.

Strichpunkt-Design (2016a). Audi AG. Crossmediale Kampagne. https://www.strichpunkt-design.de/de/case/audi-ag-compliance-crossmediale-kam-pagne. Zugegriffen: 14. Juli 2016.

Strichpunkt-Design (2016b). News. if DESIGN AWARD 2016: 12 Mal ausgezcichnet! 29.01.2016. http://www.strichpunkt-design.de/de/news/if-design-award-2016-12-mal-ausgezeichnet. Zugegriffen: 14. Juni 2016.

Storck, Christopher (2015). Die Rolle der Compliance im Stakeholder Management. In BCM Berufsverband der Compliance Manager e. V. (Hrsg.). Compliance 2015. Perspektiven einer Entwicklung. Berlin: Helios Media, S. 239–249.

Stroebe, Wolfgang (2014). Strategien zur Einstellungs- und Verhaltensänderung. In Klaus Jonas, Wolfgang Stroebe & Miles Hewstone (Hrsg.). Sozialpsychologie. Berlin: Springer Verlag, S. 231–268.

Süddeutsche Zeitung (2010): Siemens Affäre. Chronik einer Krise. http://www.sueddeutsche. de/wirtschaft/siemens-affaere-chronik-einer-krise-1.496650. Zugegriffen: 8. April 2015.

Süddeutsche Zeitung (2014). Wulf Affäre: Glaeseker-Prozess ohne Schuld- oder Freispruch. 10.3.2014. http://www.sueddeutsche.de/politik/2.220/wulff-affaere-glaese-kerprozess-ohne-schuld-oder-freispruch-1.1908419. Zugegriffen: 8. April 2015.

Thaler, Richard H. & Sunstein, Cass R. (2014). Nudge. Wie man kluge Entscheidungen anstößt. Berlin: Ullstein.

Theusinger, Ingo & Heuser, Elisabeth (2015). Messbarkeit von Compliance. In BCM Berufsverband der Compliance Manager e. V. (Hrsg.). Compliance 2015. Perspektiven einer Entwicklung. Berlin: Helios Media, S. 125–139.

Volkswagen (2012). Autogramm Volkswagen 4/2012. http://autogramm.volks-wagen. de/04_12/aktuell/aktuell_12.html und http://simpleshow.com/de-de/compli-ance-bei-volkswagen-superhelden-trotzen-den-gefahren-der-korruption. Zugegriffen: 4. August 2015.

Voß, Jens-Oliver (2013). Interne Kommunikationskampagne der Deutschen Bahn. Compliance Kommunikation mit emotionaler Ansprache. Kommunikationsmanager. Das Forum der Entscheider! 2, 2013, S. 16–19.

Wagner, Benjamin C. & Petty, Richard E. (2011). The Elaboration Likelihood Model of Persuasion: Thoughtful and Non-Thoughtful Social Influence. In Derek Chadee (Hrsg.). Theories in Social Psychology. Oxford: Wiley-Blackwell, S. 96–116.

Weber, Robert & Xylander, Kal-Jörg (2015). Navigating Compliance. In Commerce & Germany, March 2015, Vol. 13, Issue 1, pp. 6–7.

Werth, Lioba (2010). Psychologie für die Wirtschaft. Grundlagen und Anwendungen. Berlin: Spektrum Akademischer Verlag/Springer Verlag.

Werth, Lioba & Mayer, Jennifer (2008). Sozialpsychologie. Berlin: Spektrum Akademischer Verlag/Springer Verlag.

Wieland, Josef (2014a). Moralische Charakterbildung, Leadership Excellence und Corporate Character. Zeitschrift für Wirtschaftsethik und Unternehmensethik, 15.3, S. 376–397.

Wieland, Josef (2014b). Die Psychologie der Compliance – Motivation, Wahrnehmung und Legitimation von Wirtschaftskriminalität. In Josef Wieland, Roland Steinmeyer & Stephan Grüninger (Hrsg.). Handbuch Compliance Management. Konzeptionelle Grundlagen, praktische Erfolgsfaktoren, globale Herausforderungen. Berlin: Erich Schmidt Verlag, S. 71–87.

Wiswede, Günter (2012). Einführung in die Wirtschaftspsychologie. München: Ernst Reinhardt Verlag.

Printed in the United States
By Bookmasters